SAGGISTICA 23

Giose 1959

Giose 1959
UN "SUICIDIO" ANNUNCIATO

Eugenio Ragni

BORDIGHERA PRESS

A Giose e Lynn

agli amici d'oltremare

Massimo e Hiroko Ciavolella
Los Angeles

Piero e Cajsa Baldini
Phoenix

Rocco e Toni Capozzi
Mariolina e Tony Franceschetti
Anthony Verna
Alex, Darla, Eugenia Kisin
Toronto

Nicoletta e Francesco Erspamer
Cambridge, Massachusetts

Anthony Tamburri
New York

Nora e Jorge De Angeli
Buenos Aires

Bruno e Adriana Ferraro
Auckland (NZ)

Luigi Ballerini
Los Angeles

Thomas e Barbara Postorino
Phoenix

Kate e Bill Korp
Sarasota

Ramón Ruenez
Mexico City

Kekuni Kanua
Honolulu

e alla cara memoria di
Amilcare e Susan Iannucci

Library of Congress Control Number: 2016939441

In copertina: Giose Rimanelli, *senza titolo*, 1967, collezione privata

© 2016 Eugenio Ragni

È vietata la riproduzione, anche parziale,
con qualsiasi mezzo effettuata, compresa la fotocopia,
anche ad uso interno o didattico, non autorizzata.

Printed in the United States.

BORDIGHERA PRESS
John D. Calandra Italian American Institute
25 West 43rd Street, 17th Floor
New York, NY 10036

SAGGISTICA 23
ISBN 978-1-59954-109-9

Indice

Nota 2016 • (1)

Sedici anni dopo • (3)

Giose 1959, un "suicidio" annunciato • (17)

Appendice • (77)

Indice dei nomi • (115)

Profilo dell'Autore • (121)

Nota 2016

Sostanzialmente immutato nella struttura generale, a sedici anni di distanza dalla sua pubblicazione nel volume collettivo Rimanelliana *(Stony Brook, NY: Forum Italicum, 2000, pp. 37-96)* il presente saggio non poteva non esigere un'attenta revisione formale, comportare alcune aggiunte nel testo, e soprattutto un adeguato aggiornamento dei riferimenti cronologici relativi alla distanza fra Il mestiere del furbo *(1959)*, la prima stesura del mio saggio *(1999, quarant' anni dopo)* e questa nuova redazione *(cinquantasette e sedici anni, rispettivamente)*. Ho aggiunto anche un certo numero di note, il più delle volte a supporto testimoniale di quanto affermato a testo da me o dall'autore, altrove come dato bibliografico di riferimento.

    *Le aggiunte numericamente più consistenti ampliano in particolare il settore dell'*Appendice *dedicato al regesto completo e alla sommaria descrizione degli articoli di Rimanelli, di cui ho creduto utile offrire qualche interessante stralcio suppletivo.*

    *Sempre nell'*Appendice*, è inedito il paragrafo nel quale ho proposto un breve confronto esemplificativo fra il testo del profilo di Bassani com'era sul settimanale e il brano corrispondente nel* Mestiere.

E.R.

Grazie a Sheryl Postman, a Sebastiano Martelli, ad Anthony Julian Tamburri e a Paolo Giordano per avermi dato l'occasione di festeggiare Giose con un omaggio che vuol essere soprattutto un risarcimento.

Sedici anni dopo

Come ho raccontato anni fa in un *cameo* autobiografico,[1] a partire dai tempi del mio ginnasio e finché è rimasto con la sua bancarella di libri d'occasione nei pressi di Porta Pia, a Roma, ho avuto a disposizione un arguto ed esperto consulente per i miei acquisti librari: il poeta Antonio Tagliacarne, il "bancarellaro" col basco immortalato da De Sica nella breve sequenza in cui *Umberto D.* si priva dolorosamente di due libri. Informatissimo, disponibile e tutt'altro che esoso *bouquiniste*, Tagliacarne è stato il mio biblio-virgilio: a lui debbo infatti le mie prime, eccitanti scoperte di autori moderni, di testi oggi entrati nell'olimpo dei classici ma allora estranei ai programmi della scuola. Grazie ai suoi consigli, ho conosciuto così Calvino, Pavese, Melville, Faulkner, Savinio, Vittorini, Bernari, Pratolini, Fenoglio, Berto, Malerba e molti altri autori del Novecento che, lasciata la sua bancarella, trovarono domicilio nei miei allora pochi scaffali e tuttora mi circondano e, occhieggiando dagli affollati ripiani delle mie troppe librerie di casa, mi riaccendono le emozioni di quei lontani, produttivi incontri di adolescente: occasioni per scoprire mondi, ambienti, stili, personaggi nuovi, che hanno indubbiamente alimentato e definito la mia predisposizione per il mondo delle lettere.

Un bel giorno – primi anni Sessanta – Tagliacarne insistette perché acquistassi un volume della Sugar, presentandomelo come un testo critico fuori del coro, caustico, onestamente polemico e in qualche punto dis-

---

[1] E. RAGNI, *Roma nella narrativa italiana contemporanea. Incontri Letture Umori (1973-1987)*, Roma, Nuova Editrice Spada, 1988, pp. 17-24.

sacrante, sorretto però sempre da un ragguardevole patrimonio di letture e da una *verve* scrittoria di ottima qualità. Era *Il mestiere del furbo*, firmato da uno sconosciutissimo A. G. Solari, alias Giose Rimanelli.

Di lui, sempre su consiglio di Tagliacarne, avevo già letto qualche tempo prima il romanzo d'esordio, *Tiro al piccione*, che mi aveva molto colpito in quanto, diversamente da altre testimonianze sulla guerra e la Resistenza, raccontava la propria esperienza di giovane meridionale che, fuggito da casa verso il Nord alla ricerca di una propria indipendenza, incappa in una retata ed è in pratica costretto ad arruolarsi nella Decima Mas, venendosi a trovare quindi travolto, come tanti altri giovani cresciuti nel ventennio, nel confuso e rischioso vortice della guerra civile: ancora immaturo, non è infatti in grado di elaborare una consapevole scelta di campo, e accetta quella che la mera necessità contingente gli suggerisce. Largamente autobiografico,[2]

---

[2] G. RIMANELLI, G. CESTARI, *Discorso con l'altro*, Milano, Mursia, 2000, p. 34: «È così che sempre presi ad andar via da qualcuno o da qualcosa, sempre stancandomi di ogni cosa: via dal seminario, via al Nord per finire in guerra, via per le città del mondo nel dopoguerra. Ho avuto sempre sete di conoscere, forse per liberarmi dell'ineguatezza (che è la mia grande ignoranza), dell'infanzia, persino di una madre (probabilmente) che da bimbo aveva stipulato il mio destino: sacerdozio, e fallito quello pianti e disperazione da parte sua, da parte mia fuga e ricerca di una soluzione, che mi si identificò con un pensiero solo: c'è la guerra, qualcuno mi ammazzerà». Sul contenuto autobiografico del romanzo, molto indicativa la testimonianza di Cestari: «Anni fa, devo dirti, dopo aver visto il film omonimo del 1961 diretto da Giuliano Montaldo, mi sono informato e ho saputo che il soggetto era stato ricavato da un romanzo: per le analogie con le vicende da me vissute, poteva essere stato scritto soltanto da qualcuno che come me era stato protagonista di quei fatti. Tutte queste analogie tra i miei ricordi di guerra e le esperienze del protagonista del tuo libro, tutte le persone citate, i luoghi e le situazioni corrispondevano fedelmente alla mia esperienza bellica, anche se, ovviamente, trattandosi di un romanzo, certe situazioni erano di pura fantasia. Il nome dell'autore, infine, mi ha tolto ogni possibile dubbio» (op. cit., pp. 9-10). Altri riferimenti a fatti, incontri ed episodi vissuti nel mesi di guerra e passati nel romanzo sono citati lungo l'intero carteggio fra i due ex commilitoni

il romanzo testimoniava il drammatico scontro fratricida traguardato dalla parte di un giovane «che vede*va* la Resistenza dalla parte sbagliata» e che da quella tragica esperienza traeva gli elementi sui quali impostare una consapevole presa di coscienza personale.[3]

Coinvolto dalla piacevole disinvoltura del dettato, ma soprattutto dal timbro di franchezza e di libertà d'opinione cui erano improntati giudizi e profili, lessi *Il mestiere* posso dire d'un fiato, quasi fosse un romanzo; infervorandomi in modo particolare quando una diagnosi più o meno demitizzante o favorevole collimava con quanto timidamente pensavo di qualche autore santificato al di là dei meriti effettivi, o quando valorizzava scrittori più giovani e più "nuovi", ma sottovalutati dalla critica "ufficiale", che anch'io ritenevo meritassero invece maggior considerazione, o almeno un semplice incoraggiamento, una citazione.

Il saggio di Rimanelli, insomma, mi conquistò anche più del romanzo, al punto che mi cimentai in un'analisi abbastanza articolata del libro, probabilmente un po' intrisa dell'ingenuo entusiasmo per la "scoperta" di una voce che per posizione, notizie e dettato si distingueva dalle timbriche moderate, e a tratti un po' un-

---

[3] È definizione autoriale, fatta da Rimanelli stesso a Cesare Pavese consegnandogli il manoscritto del romanzo nel corso di un primo incontro con lui, avvenuto nel gennaio 1950 a Roma nella gelateria Giolitti in via Uffici del Vicario. Osserverà più tardi Antonio Vitti: «l'autore avrebbe dovuto dire: "la *guerra* civile dalla parte che ha perso". Invece, così come pronunciata, l'affermazione rivela non soltanto un controsenso, ma sfalsa il contenuto e il significato del racconto». Gli obiettivi principali della lotta erano infatti «la guerra di classe il cui fine era di abbattere le strutture del sistema capitalistico esistente e la guerra civile che opponeva valori e ideologie contrapposte. Da questi suoi caratteri generali mi sembra evidente che l'affermazione dell'autore del romanzo [...] sia scaturita dalla situazione politica del dopoguerra in cui il termine guerra civile non veniva mai usato dalla storiografia ufficiale ma era sempre relegato alle ricostruzioni della guerra di parte fascista» (A. VITTI, *Tiro al piccione: tra film e romanzo*, in «Rivista di studi italiani», XI, n.1, giugno 1993, p. 131).

tuose, cui era mediamente improntato il tono di gran parte delle recensioni che leggevo su «La Fiera letteraria». Presentai il mio scritto al responsabile di un settore del *Dizionario Biografico* della Treccani, cui consegnavo di tanto in tanto i profili di personaggi "minori" che mi venivano assegnati e che redigevo da collaboratore esterno nel tempo libero dall'insegnamento in un istituto statale per geometri. Ero entrato in confidenza con lui, e avevo saputo che faceva parte del comitato direttivo di un periodico letterario: gli chiesi perciò se, qualora giudicasse positivamente il mio scritto, potessi sperare di vederlo stampato. Gli diede una scorsa e mi garantì il suo appoggio.

Passarono almeno due mesi, e pensavo che la mia recensione fosse stata cestinata perché immatura, male impostata o comunque difettosa. Dopo non poche sollecitazioni evase con pretesti impacciati, seppi finalmente la ragione del *pollice verso*: nel comitato di redazione della rivista militavano due nomi di spicco che "A. G. Solari" aveva maltrattato e che, *ça va sans dire*, avevano opposto un veto assoluto alla pubblicazione del mio testo, senza neppure leggerlo. Era una palese conferma di quanto Giose aveva raccontato nel *Mestiere* su inciuci e *camarillas* letterarie e che aumentò il mio interesse per lo scrittore: nel giro di qualche mese, tramite il solito Tagliacarne, mi procurai e lessi così *Peccato originale, Biglietto di terza* e *Una posizione sociale* (senza disco, purtroppo), deciso a trattare di Rimanelli in un saggio più completo. Saggio che per varie ragioni – e qui recito un sesquipedale *mea culpa* – restò allo stato embrionale di progetto, di cui non mi restan nemmeno gli appunti.

Poi, nel 1996, a Toronto come *visiting professor*, seppi che tempo prima Giose aveva donato alla Fisher Rare Book Library una notevole quantità di mano- e dattiloscritti di suoi inediti (narrativa, saggistica, poesia, corrispondenza): una veloce scorsa a quel corposo cumulo di materiale bastò a convincermi che gli impegni di lavoro impostimi dal mio torontino *Fall Semester* non mi avrebbero permesso niente più di un sommario *excursus* esplorativo in quel maremagnum di carte; e nella speranza di poter comunque dedicare in seguito qualche mia pagina al suo lavoro, mi procurai intanto l'indirizzo dello scrittore, iniziando così con lui quello scambio abbastanza fitto, e soprattutto piacevole, di e-mail, che dura da quasi un ventennio.

Il caso volle poi che nel '98, di nuovo a Toronto per un convegno, incontrassi l'amico e collega Sebastiano Martelli, rimanelliano doc, e a lui espressi l'intenzione di pagare il mio tributo di critico allo scrittore molisano, proponendo, fra altre possibili ma, insistevo, più significative, una ristampa di *Il mestiere del furbo* come recupero riparatorio di un panorama della narrativa postbellica colpevolmente ignorato per un meschino ostracismo che in Italia pesava – e ahimè pesa tuttora – su quel saggio e sul suo autore, assente o mal citato nelle storie letterarie maggiori e negli interventi critici pur bibliograficamente ben informati.[4] Martelli mi disse che, nemmeno a farlo apposta, aveva in cantiere un volume miscellaneo di contributi per salutare i 75 anni di Giose[5] e che nello schema *in progress* non era ancora previsto un saggio sul *Mestiere*: sicché accettava volentieri la mia offerta di occuparmene.

---

[4] Di questa assenza ho offerto una nutrita documentazione nella mia introduzione alla recente ristampa del saggio: G. RIMANELLI, *Il mestiere del furbo. Panorama della letteratura italiana contemporanea (1920-1959)*, New York, Bordighera Press, 2016, p. XVI, n. 4.

[5] Si tratta della miscellanea *Rimanelliana. Studi su Giose Rimanelli*, a c. di S. Martelli, Stony Brook New York, Forum Italicum Publishing, 2000 (Filibrary Series, n. 18).

Appena a Roma, reperite con qualche fatica le due annate del settimanale «Lo Specchio», mi impegnai per prima cosa nell'attenta collazione fra il testo dei 27 interventi dello scrittore apparsi dal 30 marzo 1958 al 27 dicembre 1959 sul settimanale sotto la rubrica *Lettere*:[6] lunga e paziente operazione filologica di cui era testimonianza la mia copia del volume, sui margini della quale avevo registrato a matita varianti sintattiche e lessicali, tagli più o meno consistenti, omissioni e aggiunte di varia tipologia:[7] materiale che mi avrebbe dato modo di entrare nell' "officina" dell'autore per documentarne le linee direttive adottate nello scegliere da una galassia di interventi apparentemente franta di articoli scritti, come s'usa dire, "sul tamburo", una serie di frammenti da riorganizzare in un discorso sostanzialmente unitario e ideologicamente coerente, impostato sul *fil rouge* del "credo" critico che aveva già improntato e sorretto la stesura di quei frammenti giornalistici, e che ora, passando in un *medium* proverbialmente meno peritu-

---

[6] I ventiquattro articoli della rubrica presenti nei nn. 18-41 del settimanale (3 maggio – 11 ottobre 1959) non erano di Rimanelli, prima malato e poi in viaggio fra Canada e Stati Uniti: vd. qui oltre, nell'*Appendice* (II, p. 89).

[7] Avevo da poco consegnato a Martelli il testo del mio saggio per la *Rimanelliana*, quando Giose mi pregò di far avere al giornalista e scrittore Cesare De Simone la copia, introvabile, del *Mestiere*: l'editore Mursia pareva infatti intenzionato a ristampare il saggio. Andai a Monteverde a consegnare il libro a De Simone, che però a fine gennaio 1999 morì. Qualche tempo dopo, previe diverse telefonate al figlio, ottenni finalmente da lui un appuntamento, convinto di recuperare finalmente il mio prezioso "incunabolo": ma con intenso dispiacere seppi che non intendeva procedere alla pur dovuta ricerca del libro, in quanto la biblioteca del padre era stata in parte già venduta, in parte imballata per liberare l'appartamento messo in vendita. Per fortuna, per dare un'idea dell' "officina" di Rimanelli nel passare il testo dal settimanale al volume, avevo già dedicato un paragrafo del saggio alle varianti relative al profilo di Bassani (vd. *Il mestiere*, pp. 97 ss.): un piccolo campionario che, per ragioni di spazio, non fu però incluso in *Rimanelliana*. Lo riproduco ora nell'*Appendice* di questa riedizione del mio saggio, (pp. 108-113).

ro, doveva aggregarsi attorno a un principio esegetico solido e coerente. E questo principio si compone di almeno tre elementi imprescindibili, ma generalmente non molto professati: onestà, competenza e libertà di giudizio. Il primo, essenziale, va sicuramente riconosciuta all'autore nella sua vita e nei suoi scritti sinceri fino all'autoanalisi; la competenza, e quindi la capacità di sconfinare dalla singolarità di un'opera per esporla a confronti e giudizi più articolati, si acquista con lo studio e soprattutto con un'intensa, prolungata esperienza di lettore: e anche qui, oltre alle dichiarazioni dello scrittore, contano i fitti riferimenti ad autori e letterature europee e americane. Ultima e più problematica, la libertà di giudizio non dipende dal singolo, ma in modo direi determinante dall'ambiente in cui ci si trova a operare – sociale, editoriale, politico – e, più congiunturalmente, dalla testata o dalle direttive editoriali scelte o imposte ai collaboratori: e qui s'impone una scelta difficile e spesso condizionata: accettare o andarsene. Più fortunato di altri è chi, come Rimanelli, potrà beffare le censure esprimendo le proprie idee sotto copertura d'una maschera o di uno pseudonimo:

> Io ho affidato la mia ribellione (che non è soltanto la mia ribellione) ad A. G. Solari. Spesso la vita te la preparano gli altri. E sono convinto che A. G. Solari non sarebbe nato se non ci fosse stato un giornale in grado di dargli quel che chiedeva. In definitiva non credo di aver inteso fare opera moralizzatrice, pur vivendo in me il moralista, convinto che la società si struttura da sé e assai difficilmente accetta reattivi. E però mi sono arrogato il diritto di esercitare un'opera di rottura, onde riabituarci a una chiarezza. [...] E questo è rimasto un principio vivo, attivo, funzionale: solo che, per poterlo affermare, è necessario patire d'amore.
> Se nella letteratura italiana tutto procedesse bene, questo patimento non esisterebbe in me e anche in altri. A volte certe situazioni sono irrimediabili, e si potrebbe aggiungere indispensabili. Ma così non appare se a risentir-

ne e ad accorgersene sono soprattutto i giovani. Si è giunti a un punto che un giovane scrittore che non goda le simpatie di certi ambienti, come chiaramente scrive l'editore Sugar nella prefazione a *Il mestiere del furbo*, non può oggi contare su un successo di pubblico, che lo imponga di prepotenza.

Ho dunque spesso stigmatizzato l'opera sciatta o servile di critici soggetti agli «ordini di scuderia» dell'editore o degli amici del direttore. Ho parlato chiaro, a volte addirittura con brutalità, di sconci e malevolenze, di glorie inventate e di autori misconosciuti; ho espresso il mio parere su scrittori che stimo, che a volte addirittura amo – scrittori come Calvino, Rea, D'Arzo, Ginzburg, Pavese, Berto – senza ricorrere all'apologia, anzi facendo un'accurata anatomia, che non sempre risultò edificante, del loro mondo artistico e morale. In altre parole non sono stato un conformista.[8]

Ma spesso la beffa viene scoperta, e le reazioni dei beffati saranno più aspre e incattivite. Rimanelli infatti ha pagato caro il suo non-conformismo di critico e di autore, il suo inesausto *wandering* esistenziale ed artistico, da un luogo all'altro del mondo, da un'esperienza all'altra di mestieri e di vita, da uno realismo personalissimo a una serie di sperimentalismi coraggiosi.[9] Un

---

[8] RIMANELLI, *Rimanelli getta la maschera*, in «Lo Specchio», II, n. 49 (si veda il testo completo dell'articolo in *Appendice*, 2, pp. 97-107.

[9] Cfr. A. GRANESE, *Le anamorfosi di Rimanelli. Testo, pre-testo e contesto del romanzo* Graffiti, in *Su/per Rimanelli. Studi e testimonianze*, (= «Misure Critiche», XVII-XVIII), Napoli, Fratelli Conte, 1988, p. 214: «L'attraversamento della linea che potremmo definire "bachtiniana" – con tutte le sue caratteristiche trasgressive e gli autori "eccentrici" [...] – permette di collocare lo sperimentalismo rimanelliano nel crocevia delle ricerche letterarie più aperte e coraggiose di quegli anni, anche per la consapevole e giusta rivendicazione [...] del più grande e rivoluzionario [...] movimento italiano d'avanguardia, il Futurismo». Vd. anche A. J. TAMBURRI, *Benedetta in Guysterland: Postmodernism [pre visited]*, in *Rimanelliana*, cit., pp. 223-40.

"irregolare congenito", lo ha definito Martelli,[10] e in più accezioni. D'accordo. Sarebbe tuttavia errato, a mio giudizio, attribuire questi comportamenti e l' "irregolarità" a personali inquietudini, a frustrazione, a senso di precarietà esistenziale o d'instabilità congenita: in realtà, si percepisce ben presto che l'apparente dispersività di Giose ha i connotati di una innata e inesausta tensione verso nuove conoscenze, su cammini ed esperienze sempre nuove, senza preoccuparsi dei rischi della dispersione che questo vagare spesso comporta e che Rimanelli non sempre ha evitato: come testimonia la quantità di materiali ancora inediti, con storie incompiute, appunti critici, versioni plurime di romanzi: quasi tutti materiali destinati, nelle intenzioni dell'autore, a convergere nel suo "libro dei libri", che ha già un titolo, *La macchina paranoica*, e da cui nel 1977 ha tratto e pubblicato qualche stralcio, per es. *Graffiti*.

Un'altra delle definizioni che mi pare si attagli alla sua personalità e al suo immedicabile ed estroso *furor* creativo è senza dubbio quella di «literary missionary»:[11] oltre a sottolineare la disponibilità umana dell'uomo e del docente, questa etichetta mette in giusto rilievo la sua generosità nel comunicare, la sua sincerità nel raccontarsi senza filtri, nell'esporsi in prima persona praticamente in tutte le sue pagine, riuscendo, specie nella poesia, a temperare con funzionali dosi di brillante ironia le inevitabili intrusioni egotistiche.

E direi che questa predisposizione è dominante proprio nel *Mestiere*, dove è secondo me innegabile che soprattutto generosità "missionaria" e onestà intellettuale abbiano presieduto alla dura (e "suicida") opzione di

---

[10] S. MARTELLI, *Un "irregolare" nella letteratura italiana degli anni Cinquanta*, in *Rimanelliana*, cit., p. 9.

[11] F.L. GARDAPHÉ, *Giose Rimanelli: new directions of a literary missionary*, in *Su/per Rimanelli*, cit., p. 235.

togliersi la maschera e di uscire praticamente disarmato allo scoperto, consapevole delle conseguenze che glie ne sarebbero derivate: anche se certamente non pensava che l'uscita del libro avrebbe segnato, al pari della fuga al Nord del '43, una (se non *la*) svolta capitale della sua vita: «*Il mestiere del furbo* è in libreria (ma non parlo solo dei furbi)», scrive in chiusura dell'articolo dove "uccideva" l'*alter ego* A.G. Solari, lo «spauracchio misterioso della cattiva coscienza dei letterati italiani», insistendo ancora sul punto essenziale di non aver ceduto al gossip e di essersi imposto di parlare «esclusivamente di fatti letterari e di costume letterario, ignorando la vita privata, sentimentale, familiare degli scrittori»; e neppure di aver dato spazio a «uno sfogo» personale: il *Mestiere* era un «libro critico», un «libro di costume», alla base del quale ribolliva «uno scontento e una ribellione non personali, ma generali»; e presagiva: «Dato lo schieramento attuale dei letterati, forse sarà possibile fare intorno ad esso il silenzio, il deserto. Ma io mi auguro che giovi».

E si trattò di un silenzio e di un deserto molto ben orchestrato, se dura da più di mezzo secolo, tarpando ovviamente le ali al "giovamento" che, con sotteso ma probabile intento scaramantico, Rimanelli si augurava.

Esorcizzare il lungo, immeritato silenzio, nella speranza che il trascorrere di tempi e uomini abbia depurato atmosfere viziate, pregiudizi, risentimenti, è la prima ambizione della recentissima ristampa del *Mestiere*: un omaggio affettuosamente tributato ai novant'anni di Giose, certo, ma anche – e forse soprattutto – una nuova *chance* di lettura e di valutazione di questo testo critico quasi sessagenario, ma sotto più di un aspetto ancora vigoroso e generosamente ricco di *verve* espositiva, di spunti stimolanti; sperando inoltre che una riflessione critica liberata da remore extraletterarie possa finalmente mettere in circolo il saggio, introdurlo e valutarlo nelle bibliografie e nei repertori; e magari riprendere e compiere il voto formulato da Rimanelli cinquantasette anni fa.

Giose 1959
un "suicidio" annunciato

A Roma, sulla cimasa del Palazzo della Civiltà del Lavoro all'EUR, in quella specie di catalogo di categorie degli itali ingegni affidato all'eternità della pietra – per cui saremmo santi poeti navigatori e tante altre belle cose – manca il raggruppamento più numeroso e meno deperibile: quello dei "furbi". Cui andrebbe naturalmente aggiunto il gruppo antitetico, pure mancante nell'elenco: quello degli "ingenui", di coloro cioè che pagano le tasse, rispettano le file, obliterano sempre il biglietto nei mezzi pubblici, non superano gli ingorghi del traffico inalberando palette abusive, non viaggiano nelle corsie d'emergenza o scattano dietro una sirenante ambulanza per dribblare gli ingorghi quotidiani; che credono all'obbiettività delle varie commissioni di concorso, alle tirature delle acqueforti e dei volumi in copie numerate, insomma a tutte le altre mille pseudoverità della vita di relazione; fra cui anche – e veniamo al sottolemma che più ci riguarda – alla buonafede del Critico Letterario o alla corrispondenza tra premio e valore effettivo del libro premiato e perfino al fatto che «basti scrivere buoni libri per essere buoni scrittori».[12]

Buoni scrittori, naturalmente, nell'opinione generale: il che vuol dire viaggianti sulla cresta di un'onda anomala che, oltre a pochi surfisti di razza, supporta

---

[12] U. MORETTI, *Faccia da schiaffi*, in «Il Reporter», 5 gennaio 1960. Di questa apprezzabile recensione al *Mestiere* Rimanelli stesso ha riportato un ampio stralcio in *Molise Molise*, Isernia, Libreria Editrice Marinelli, 1979, pp. 133-36.

beneficiari di un'occasionale e fragile notorietà acquisita in altri àmbiti (sport, televisione, cronaca rosa e nera, sottocinema, politica) e per questo glorificati, inseguiti da microfoni e telecamere di tg e *talk shows* per illuminare più o meno utilmente il colto e l'inclita, spremendo dalle fervide, preziose meningi succhi di svariato sapore, a condimento dei più disparati temi d'attualità (soprattutto quella delle loro esistenze).

Lo sconcertante ritratto dell'intellettuale inserito nell'*establishment* editorial-letterario delineato cinquantasei anni or sono dal misterioso A. G. Solari non è, purtroppo, un "come eravamo": sono cambiati solo i suonatori, e la musica, ahinoi, è ancora suppergiù la stessa.[13] Scandali e "misteri" di ben altra gravità e risonanza hanno punteggiato il considerevole lasso di tempo trascorso dalla pubblicazione del *Mestiere*, e si tratta di indecenze ben più spregevoli, di fatti e "misteri" di ben altra drammaticità: sicché ben poca cosa appaiono al confronto le manovre di giurie letterarie, le gestioni clientelari di concorsi, le dazioni occulte a membri della commissione perché avvallino libri ben poco rappresentativi ma cari a qualche mammasantissima dell'*establishment* letterario, dell'editoria, del giornalismo o della politica. Davanti a certi gravi manifestazioni di malcostume, di prevaricazione, di iniquità, di violenza, ha ancora un senso riproporre oggi le sbiadite sinopie di queste risse ormai *d'antan*, riproponendone protagonisti e comportamenti che mezzo se-

---

[13] Esclusioni e inclusioni in odore di *combine* portano ancora oggi a polemiche più o meno rumorose, a dimissioni di giurati, alla rinuncia volontaria di qualche candidato, a specifiche accuse di gravi vizi di forma, a dichiarazioni di aperto dissenso. Imputati, i criteri della scelta iniziale dei componenti la commissione, la formazione della rosa dei candidati, componenti abbastanza permeabili all'azione corruttiva di fattori estranei (interessi editoriali, potere e manovre della segreteria del premio, scambio di voti, antipatie personali, colore politico).

colo fa Rimanelli ha spillato come farfalle nella teca di *Il mestiere del furbo*?

In apertura del libro Rimanelli presagiva che la storia letteraria dagli anni Sessanta in poi sarebbe stata fatta «dagli almanacchi, dalle notizie di Berenice, dai ricevimenti e dalle presenze scrupolosamente registrate nei tali salotti, ai tali pranzi, alle tali soste presso il libraio».[14] Sembrò bestemmia a molti, ad altri livore di botolo frustrato: ed era invece una previsione che se ha un difetto è quello di rivelarsi indietro di qualche lunghezza rispetto alla realtà di oggi, dal momento che alle varie «amicizie», ai diversi gruppi consortili, ai salotti intellettuali si è aggiunta, molto più invasiva e inquinante, la televisione: abnorme platea imbonitoria in cui libri e autori, scelti con criteri sempre più asserviti alle poco trasparenti rilevazioni dell'Auditel e acriticamente foraggiati con i diritti d'autore quando concedono licenza di sceneggiare qualche loro storia, meglio se furbescamente *meló*, entrata nella rosa di un premio e lanciata con slogan analoghi a quelli usati per pannolini detersivi merendine reggiseni. E per di più nei *talk shows* non è neppure il critico a responsabilizzarsi presentando il volume fresco di stampa, ma l'autore stesso: autopromotore a volte persino patetico, alza a un certo punto il proprio libro davanti alla telecamera tirandoselo da sotto il sedere e schermendosi anche, in un apparente attacco di modestia, con un ipocrita *melanfattofà iononvoléeevo*. Il giorno dopo, voilà, due-tremila copie vendute d'un colpo solo (che quasi sempre resta anche l'unico *boom*). Basta insomma aver scaldato i banchi delle elementari a fianco del conduttore, averne sposato una lontana cugina, essere parente della segretaria di produzione, di un cameraman, di

---

[14] G. RIMANELLI, *Il mestiere del furbo*, Milano, Sugar, 1959, p. 11.

qualcuno del trucco-e-parrucco; o essere un cantante, un comico, un atleta, un attore, e scarabocchiare quattro battute, un raccontino, una memorietta, ed è fatta (spesso facendosi aiutare – *coté* struttura, sintassi, lessico – da un valido *gost*, possibilmente un giornalista editorialmente inserito).

Nihil novi sub sole, dunque: l'inesorabile monetizzazione di ogni cosa, anche della moralità professionale, causa questo e ben altro; e l'aver riproposto dopo cinquantasette anni il *Mestiere* rischia di apparire a prima vista un tardivo omaggio all'impavido Rimanelli di allora o, più banalmente, una celebrazione dei suoi nove decenni di vita. È ovviamente *anche* questo. Ma proprio perché poco o nulla è cambiato, quel suo caustico e appassionato *pamphlet*, testimonianza di un sentito impegno culturale ed etico che proprio nella sua accorata sincerità trova la ragione prima, merita di essere finalmente recuperato e inserito nella tradizione esegetica e bibliografica della letteratura del Novecento; non soltanto però come un reperto documentale o come tramite di una ormai inutile palinodia, ma perché – ne sono convinto – proprio in questo nosto tempo di palese crisi della cultura c'è bisogno di una voce che, come quella di A.G. Solari, richiami artisti e intellettuali a un comune, solidale, responsabile impegno creativo e critico che possa minimizzare o, chissà, vincere finalmente la persistente dittatura dell'interesse personale o dell'appartenenza a un clan, in nome della dignità, letteraria e non. Osservava Rimanelli:

> Lo scrittore che pretenda di starsene chiuso in casa sua, lontano da tutto e da tutti, dedito soltanto – come gli abati del periodo Impero – ad attizzare il sacro fuoco domestico, coltivando il proprio giardino letterario, non s'illuda di trasmigrare ai posteri: egli non esisterà per essi dal momento che non esiste per le amicizie contemporanee. [...] Ecco, dunque, cos'è la nostra letteratura: quando

c'è, è necessario che l'autore che la fa si mischi al branco, e quando non c'è l'autore viene inventato di sana pianta, con premeditata incoscienza, e portato avanti come su una picca.[15]

Ieri come oggi, lo scandalo vero, ciò che suscita risentimento e sdegno in chi crede, nonostante tutto, nella vitalità sostanziale della cultura e nella sua funzione sociale, non dipende certo dalla promozione di questo o quel letterato, dal successo programmato di un mediocre, dai parapendii facilitati al parente o al raccomandato di turno: ma dal caro prezzo di isolamento, di ostracismo – quando non addirittura di *damnatio* – che il "sistema" fa pagare a chi ha il coraggio di fissare su pagina (*scripta manent* ...) quello che nell'ambiente quasi tutti sanno, quello su cui tutti ghignano e smoraleggiano. Aveva perfettamente inquadrato la questione Ugo Moretti, all'uscita del *Mestiere del furbo*:

> La rivolta di Rimanelli è quindi una ribellione corale, ampia e alla luce del sole. Ed ha tanta rispondenza di consensi perché non è rivolta contro le persone, pur da lui chiamate in causa ad assumersi certe responsabilità, ma contro il sistema capzioso e arretrato, contro il costume accomodante e spesso corrotto (corrotto per debolezza, per amistà, per calcolo familiare, per adulterio, per politica, per piccolo scambio, per vanità e per un lucro così meschino che non è neppure un lucro), contro l'insipienza e l'irresponsabilità, la superficialità e il bigottismo.[16]

Ed è proprio questa *indignatio* la dominante che oggi, forse ancor meglio di ieri, possiamo cogliere e apprezzare nel libro: al di là infatti dei singoli giudizi che possono anche non riscuotere oggi come ieri un pieno consenso, vive insomma nelle pagine di Giose un'acco-

---

[15] *Ivi*, pp. 11-15.
[16] U. MORETTI, *Faccia da schiaffi*, cit. (in *Molise Molise*, cit., p. 134).

rata sincerità di fondo che riscatta persino le intemperanze e qualche battuta di troppo. È quanto del resto sottolineò a caldo un intellettuale di straordinaria onestà quale Leonardo Sciascia, evidentemente colpito proprio da questa eccezionale componente, dalla sostanza di quello che solo a prima vista e con la superficialità della malafede poteva essere scambiato per un *pamphlet* provocatorio e piccosamente bilioso:

> Considerando come elemento marginale la cronaca di costume, la rivelazione degli intrallazzi e delle usurpazioni, il libro resta valido come documento di "educazione letteraria" di un giovane scrittore. Storia della sua formazione, delle sue preferenze, dei suoi sentimenti e risentimenti dentro la società letteraria del suo tempo; oltre che come tentativo di rompere il conformismo, la pigrizia, l'omertà che indubbiamente gravano sulla nostra letteratura contemporanea. Quali che siano state le ragioni che hanno spinto Rimanelli ad assumere, sotto il nome di Solari, questa posizione di accusa; e quali che siano i giudizi, obbiettivamente sbagliati o da noi non condivisi, su determinati libri e scrittori d'oggi, bisogna dargli atto di una sincerità e di un coraggio di cui, purtroppo, pochissimi sono capaci. Sincerità e coraggio che non riconosciamo soltanto nel fatto di aver rivelato le magagne, gli intrallazzi e le "cosche" (non a caso usiamo un termine della mafia) che regnano nella società della "gente di lettere" (e poteva in una società tessuta di prepotenze e di intrallazzi, di bigottismo e di "dolce vita", come quella italiana d'oggi, restare immune il mondo delle lettere?), ma anche, e soprattutto, nel fatto di aver voluto dare un ragguaglio sulla situazione della nostra letteratura narrativa che, nonostante le preferenze esclusive e le personali rivendicazioni e proposte, è senza dubbio più probabile, più effettuale, più chiaro di quello che tanti critici di mestiere ci offrono.

E aggiungeva, con lucida penetrazione:

> Forse Rimanelli, lasciandosi prendere la mano da risentimenti e indignazioni particolari, non ha sufficientemente messo in luce quello che si può considerare il noc-

ciolo della questione; che, a parer nostro, è questo: è la carenza di cultura a promuovere il malcostume, e non il malcostume a impoverire la cultura. [...] E come per mancanza di cultura, di tradizione, di senso della storia, la politica è soltanto espressione di particolari interessi e clientele, "mestiere di furbi" per dirla con Rimanelli; così in quella che si suole chiamare "la repubblica delle lettere", per uguali carenze, si stabilisce un costume di interessi particolari, di clientele, di mistificazioni, di usurpazioni.[17]

Colpita al cuore dal *Mestiere*, la "repubblica delle lettere" si vendica: Rimanelli è «segnato a dito», e appena se ne presenta l'occasione, arrivano le vendette. La più feroce per uno scrittore è indubbiamente il silenzio, il vuoto critico attorno ad ogni sua opera: e fu la forma preferita dalla gran maggioranza dei "colpiti". Altri invece scelsero la vendetta rumorosa, compilando acritiche e, queste sì, biliose stroncature. E non solo del *Mestiere*.

Sei mesi prima di raccogliere in volume gli articoli della fortunata rubrica dello «Specchio», Rimanelli aveva pubblicato presso Vallecchi il suo terzo romanzo, *Una posizione sociale*, che era stato presentato il 2 luglio 1959 nella mondanissima cornice della famosa Terrazza Martini di Milano. I due libri precedenti, *Tiro al piccione* e *Peccato originale*, iniziati quasi contemporaneamente nel 1945 e pubblicati rispettivamente nel 1953 e nel '54, avevano intanto riscosso notevole successo, dovuto in parte anche al polverone sollevato da qualche affrettata accusa, di filofascismo al primo, di oscenità al secondo.[18] *Biglietto di terza*, molto di più e

---

[17] L. Sciascia, *Il mestiere del furbo*, in «L'Ora», 26 febbraio 1960; citato in *Molise Molise*, pp. 136-138.

[18] *Tiro al piccione* era già in bozze nel 1950 presso Einaudi; ma, sospeso, venne poi pubblicato da Mondadori ben tre anni dopo; nel 1954 apparve, sempre nella «Medusa degli Italiani» di Mondadori, *Peccato originale*; e nello stesso anno presso la Random House di New York uscì *The Day of*

di meglio di un originale diario di viaggio, gli aveva inoltre fruttato un passaggio gratuito (stavolta di prima classe) sull'*Irpinia*, una delle nuovissime motonavi con cui l'armatore Grimaldi, che aveva molto apprezzato il libro, inaugurava una rotta Atlantico-Pacifico attraverso il Canale del San Lorenzo, rotta che grosso modo seguiva il cammino canadese percorso e descritto da Rimanelli nel libro: uno dei suoi libri migliori, una lucida, sofferta, illuminante «*full immersion* nel mondo dell'emigrazione italiana, alla ricerca di una impossibile composizione delle scissioni esistenziali e culturali tra le sue radici e quel nuovo mondo di cui la madre gli aveva trasmesso significanti frammenti ed echi di lingua e di immaginario».[19]

---

the Lion, traduzione di *Tiro al piccione*, accolta con grande favore di pubblico e di critica.

[19] S. MARTELLI, *Introduzione* a G. RIMANELLI, *La stanza grande*, Cava dei Tirreni, Avagliano Editore, 1996, pp. 8-9. Del libro – strutturalmente e stilisticamente uno dei più originali e interessanti di Rimanelli – aveva scritto P. CIMATTI su «Rotosei» (a. III n° 10, 6 marzo 1959): «Tra grande inchiesta e romanzo, *Biglietto di terza* riesce ad essere l'una e l'altro, ad avere personaggi, vicende, sfondo, ragione segreta, piena validità narrativa e umana». Sarebbe ingeneroso nei confronti di autore e recensore pensare che apprezzamenti ed elogi fossero condizionati dall'apparire nella testata sulla quale Rimanelli firmava ufficialmente una seconda – e meno disinibita – rubrica di critica letteraria, *Pro e contro*. Molto favorevole era stato anche il giudizio che del libro aveva dato G. PREZZOLINI in un intervento probabilmente inedito (trasmesso forse a Radio Canada di Montreal e, pare, mai stampato), che Rimanelli ha trascritto e commentato in *Il migliore e più profondo Rimanelli* (AA.VV., *Su\per Rimanelli. Studi e testimonianze* [= «Misure Critiche» XVII-XVIII, 1987-1988], Napoli, Fratelli Conte, 1988, pp. 146-147); nel testo prezzoliniano si legge fra l'altro: «[...] è un libro di uno scrittore, e non è un libro di impressioni; è un libro di vita, dove la fantasia e il sentimento hanno parte quanto gli occhi.[...] Il tono dei racconti del Rimanelli è in generale tragico, come si vedeva anche dai suoi primi libri; ed il suo stile forte, colorito, sostenuto, s'accompagna bene a questo senso tragico della vita, che compensa l'amore col sangue e accompagna la fame con il coltello. Ma è un libro diseguale, perché accanto a queste novelle, che non starebbero male accanto a quelle del Verga rusticano, c'è l'osservazione sociale, il particolare economico, il dettaglio pratico e minuscolo».

Il mestiere del furbo, con lo *scoop* che rivelava nel frontespizio la vera identità di A. G. Solari, il fantomatico castigamatti che sulle pagine dello «Specchio» aveva divertito i lettori e impensierito i letterati, arrivò alla fine del 1959,[20] suscitando immediatamente un corale, sdegnato vespaio di contestazioni per il contenuto caustico, risultato evidentemente meno corrosivo diluito in puntate sul periodico diretto da Giorgio Nelson Page;[21]

---

[20] Il "finito di stampare" reca la data «10-11-1959». Qualche particolare sulle estreme vicende editoriali del volume ha offerto P. CORSI nel suo *Sodalizio con Giose Rimanelli: tra metafora del dolor e metafora del vivir*, in *Su\per Rimanelli*, cit., pp. 28 ss.: «Il rospo stava per venir fuori. Si sarebbe chiamato *Il mestiere del furbo*, già noto nel suo contenuto a firma A.G. Solari. Mi disse che era arrivato a un punto estremo della sua vita, un'altra morte. Il libro era più o meno diverso dagli articoli che avevano fatto scandalo. E quegli articoli erano stati più o meno una trappola, come finire in un campo di battaglia non voluto né desiderato. Era la seconda volta che gli capitava. Era stato intrappolato dai fascisti durante la guerra civile, e quando seppe che non ne poteva uscire dovette seguire il suo fato fino in fondo, e eventualmente riscattarlo con *Tiro al piccione*. Ora questo rospo lui voleva intitolarlo *Isterici e santi nella storia della letteratura contemporanea*. Un titolo che gli venne dall'epigrafe riprodotta ad apertura di libro, che appartiene a Geltrude [*sic*] Stein, un'americana che aveva ammirato attraverso una traduzione di Cesare Pavese. Il titolo definitivo glielo diede l'editore di Milano, parodiando *Il mestiere di vivere* di Pavese, scrittore a lui carissimo. Per cui si sentì ancora una volta tradito, intrappolato, sull'orlo della morte vera».

[21] Il settimanale, il cui primo numero uscì in edicola domenica 16 marzo 1958 e che con alterne fortune continuò le pubblicazioni per ben diciotto anni, si autodefiniva «di politica e di costume» e annoverò via via tra i collaboratori buone firme del giornalismo "mondano", quali Fulvio Stinchelli, Fabrizio Sarazani, Giano Accame. Di tono fortemente caustico, spesso compiaciuto di scandalismo (in verità non sempre gratuito), tendeva a interessarsi precipuamente della vita privata di quelli che si sarebbero poi chiamati VIP: nobili, attori di teatro e di cinema, intellettuali, politici. Pur non disdegnando qualche concessione al chiacchiericcio, alcune rubriche – quelle di critica teatrale, cinematografica, televisiva, e in particolare quella di critica letteraria tenuta appunto da Rimanelli (ma soltanto fino ai primi del 1960) – costituivano la parte più apprezzabile del settimanale, soprattutto per la sostanziale serietà delle motivazioni di dissenso o di consenso espresse dai rispettivi titolari. Per quel che concerne l'orientamento politico, palesemente anticomunista, nell'editoriale *Anno secondo* del 4 gennaio 1959 il direttore dichiarava: «La nostra linea,

Certo se ne era parlato fittamente in ogni salotto, in ogni circolo e caffè, erano circolate voci e ipotesi su chi potesse essere l'informatissimo e caustico letterato che recensendo ogni settimana le novità editoriali denunciava anche qualche intrallazzo o proponeva qualche scrittore fuori dal giro; ma se ne scriveva il meno possibile, in attesa che la maschera cadesse e fosse dunque disponibile un bersaglio con nome, cognome e una faccia riconoscibile. Intanto, come ha ricordato Moretti,

> gli articoli di A. G. Solari suscitavano violente proteste da parte di chi era stato colpito ma altrettante violente simpatie da parte di molti che vedevano, sotto i colpi di questo anonimo, lacerarsi i pepli sacri dell'ipocrisia letteraria, del conformismo e del compromesso.[22]

Uscito il libro e autosmascheratosi l'autore, l'astio di chi era stato più colpito trovò nutrimento soprattutto nella constatazione che a lanciare quelle stoccate era un botolo di scrittore semisconosciuto, un ex fascistello della X Mas che aveva tentato un proprio riscatto con «un *romanzetto* dove si raccontava qualcosa della Resistenza e sulla lotta partigiana».

---

che ci onoriamo di considerare una linea cattolica senza riserve, non va confusa con la linea politica della Democrazia Cristiana, così come è venuto a trovarsi oggi il partito di maggioranza». Inevitabilmente, una simile posizione sfrangiata è la matrice di alcuni scivoloni anche clamorosi verso un qualunquismo sterile e spesso fastidioso, verso una satira troppo pettegola e *ad personam* perché potesse trascendere il puro intento scandalistico o gli interessi di "cassetta": trappole che la testata non ha sempre dribblato. Ci troviamo comunque, beninteso, anni luce lontani dalle mefitiche paludi in cui sempre più affondano i molti "nipotini" degeneri dello «Specchio», totalmente consacrati oggi al basso pettegolezzo di cortile, agli *scoop* del "gratta e guarda", all'invenzione di notizie (spesso farina dei protagonisti stessi), al "chi va a letto con chi", ai residuati delle monarchie europee o della nobiltà, senza preservare un minimo di dignità giornalistica, senza graffiare nel costume, nella presunzione, nel becerismo della nostra contemporaneità.
[22] U. MORETTI, art. cit.

«Faceva il furbo ora si è scoperto», intitolò trionfalmente Giovanni Titta Rosa un articolo a quattro colonne pubblicato sul «Corriere Lombardo» l'8 gennaio 1960, interamente dedicato al romanzo rimanelliano. Definito nelle prime righe del libro «cronista letterario»,[23] il critico abruzzese rispondeva anzitutto in proprio, autoergendosi però nel contempo a difensore della categoria (o «cosca», per dirla con Sciascia), e in particolare di Arnaldo Bocelli ed Enrico Falqui, attaccati nel libro con affondi ben più violenti di quello riservato a lui, che dopotutto era stato solo bollato con l'etichetta di «cronista» letterario, ironicamente diminutiva, è vero, ma non certo infamante.

Formulata una premessa in cui dichiara le ragioni dell'adozione del "noi",[24] Titta Rosa inizia l'esame del libro. È stato anzitutto attirato dal titolo, dice, e sperava di imparare da Solari qualche ricetta per diventare furbo (anche "se non ci tiene", aggiunge); ma è poi il

---

[23] Titta Rosa mostra d'essersi risentito di una definizione, che senza dubbio nel contesto rimanelliano assume connotazione sottilmente riduttiva, ma che era dopotutto quella con cui amava autodefinirsi con lodevole tratto di modestia un critico decisamente più illustre di lui, Pietro Pancrazi, che in apertura della prima serie dei suoi *Scrittori d'oggi* (Bari, Laterza, 1946, pp. 5-6) scriveva: «Le cronache raccolte in questi volumi rispecchiano, spero con qualche continuità di temperamento e di metodo, lo svolgersi della letteratura creativa italiana nel periodo che va dalla Grande Guerra (1918) alla conclusione di questa ben più grande Guerra Mondiale (1945): un quarto di secolo pieno di dolorose cose e di un tristo fato per il nostro paese. [...] Queste cronache ne danno una testimonianza vorrei credere tanto più persuasiva, quanto fu meno volontaria e quasi estranea a quella ch'era allora l'intenzione del critico. Anno per anno, libro su libro, autori vecchi e autori nuovi, il critico veniva via via rendendo conto ai lettori del suo giornale delle novità letterarie quali nel momento gli apparivano, con quei rilievi d'arte o morali che allora gli sembravano giusti; ma con animo tutto di cronista, e non di storico».

[24] ROSA, art. cit.: «Noi (non è *pluralis maiestatis*, ma siamo in pochi in Italia) non amiamo esser furbi o esser chiamati furbi. [...] Se, come pare pacifico, la furbizia è propria delle bestie, noi, che siamo uomini, preferiamo essere intelligenti, se è vero che è proprio dell'uomo l'*intelligere*».

sottotitolo impegnativo, *Panorama della narrativa italiana contemporanea*, a stimolarne maggiormente la curiosità:

> In quanto al sottotitolo, se ci faceva cader di botto la speranza d'imparar qualcosa sull'arte della furbizia, ci attraeva tuttavia il desiderio di vedere in cattedra questo Solari-Rimanelli Giose A. G., a erudirci su una questione in cui crediamo d'aver qualche competenza, come può dimostrare (scusateci la modestia) la nostra bibliografia e, qui, il nostro mestiere di «cronista letterario», come il doppio autore graziosamente ci definisce a pag. 13.

Il critico apre poi la sua disamina dal passo dell'*Alice Toklas* della Stein, citato in esergo da Rimanelli («La Chiesa cattolica fa una netta distinzione tra un isterico e un santo. La stessa cosa è vera nel campo dell'arte. C'è una sorta di sensibilità isterica che ha ogni apparenza della forza creativa, ma il vero creatore possiede un'energia individuale che è tutt'altra cosa»): «Scacciamo l'idea suggeritaci da quella massima», consiglia ironicamente Titta Rosa, «non ci chiediamo, per carità, se costui [*scil.* Rimanelli] sia un "vero creatore" o un "isterico", non potendo concedergli d'essere un "santo"». Sospettando poi che dietro la firma «Gli Editori» si mascheri ancora una volta l'autore, il recensore passa a contestare la serie di nomi – Sainte-Beuve, Léautaud, Pound, Orwell – accostati a Solari quali autori di opere che si proponevano «una funzione di rottura»: si tratta di apparentamenti del tutto sballati, afferma Titta Rosa, specie quello con «il cauto, sottile, prudente Sainte-Beuve», cui furono del tutto estranei intenti di "rottura" con l'ambiente letterario del suo tempo.

Fin qui il discorso di Titta Rosa si mantiene nei canoni della correttezza e anche, occorre dirlo, della giusta contestazione di accostamenti che, sempre ammesso siano di Rimanelli e non degli «Editori»,[25] peccano forse più di eccessiva sintesi che di presuntuosa approssimazione;[26] ma già cominciano a forare la superficie pianamente ironica del discorso tittarosiano alcuni segni dell'incandescenza sottesa («non ci chiediamo, *per carità, se costui...*», «... il desiderio di *vedere in cattedra questo Solari-Rimanelli Giose A.G.*»), che via via si fa strada come lava in un camino vulcanico, raccogliendo materiali e forza esplosiva nella contestazione dei giudizi rimanelliani su Bocelli e Falqui, su su fino a esplodere fuori in tutta la sua violenza repressa non appena il discorso approda finalmente alla produzione narrativa del Nostro:

> In quanto al Giose Rimanelli, questo nome non ci diceva gran che. Leggicchiammo qualche anno fa un roman-

---

[25] Le non poche affinità e coincidenze che è possibile rilevare tra la *Prefazione* e l'articolo in cui Rimanelli rinunciava alla maschera di A. G. Solari (*Il mestiere del furbo*, in «Lo Specchio», a. II, n° 49, 6 dicembre 1959: d'ora in avanti, per distinguerlo dal volume, lo indicherò con *Mestiere Specchio*) non varrebbero a risolvere il dubbio, in quanto per redigere la loro prefazione gli "Editori" avrebbero potuto attingere materiali dall'articolo stesso di Rimanelli: procedimento perfettamente lecito e abbastanza consueto. D'altra parte, se anche il testo introduttivo fosse di Rimanelli, non si capisce perché l'autore, nella medesima sede in cui si smascherava, avrebbe protratto la finzione fino al punto di attribuire esplicitamente all'editore un proprio parere: «Si è giunti a un punto che un giovane scrittore che non goda le simpatie di certi ambienti, come chiaramente scrive l'editore Sugar nella prefazione a *Il mestiere del furbo*, non può oggi contare su un successo di pubblico, che lo imponga di prepotenza».

[26] In *Mestiere Specchio* le ragioni dell'accostamento appaiono infatti meglio articolate: «Mi sono arrogato il diritto di esercitare un'opera di rottura, onde riabituarci a una chiarezza. Partendo da questo presupposto, è ovvio che la critica non vada più solo intesa in un senso estetico o filologico, ma affonda le unghie nel costume. È un principio questo che rientra nel metodo di Sainte-Beuve, di Orwell, anche di Stachey e della Woolf, la quale ultima, regina di un gruppo letterario che ha fatto storia, per anni ha scritto di critica letteraria conservando l'anonimo, libera così di giudicare anche i suoi personali amici con una durezza che, diversamente, non avrebbe trovato» (vd. qui oltre, p. 100).

zetto dove si raccontava qualcosa della Resistenza e lotta partigiana; tentammo di leggere più di recente un altro romanzetto che raccontava qualcosa di un Sud italiano abbastanza enfatico ed arbitrario e di un paese esotico altrettanto generico, in uno stile anfanante e gonfio, come quei salsicciotti di carne di maiale tritata e pimentata di varie spezie, ma insaccati male, tanto che presto ci fa la muffa.

Anzitutto, sembra proprio che, volendo ripagare Rimanelli con la stessa moneta, Titta Rosa abbia tentato di assumerne anche toni e tratti stilistici: solo che – è la sorte di tutti gli imitatori – resta parecchie lunghezze dietro il modello, nel senso che l'eccesso di risentimento tarpa del tutto le ali all'ironia, e il discorso non può levarsi così neppure d'un palmo sulle bassure dell'insulto gratuito. E il punto è proprio questo: tutto assorto nel compito di stroncare per stroncare, Titta Rosa non si accorge di incorrere in gravi scorrettezze e plateali imprecisioni, che gli si ritorcono sostanzialmente contro. Per lui, il curriculum narrativo di Rimanelli è ristretto a *Tiro al piccione* e a *Una posizione sociale*: ignorati *Peccato originale* e *Biglietto di terza*, uscito nel 1958, ma pazienza, può succedere a chiunque, anche se non dovrebbe accadere a un critico noto e ascoltato come lui. Inoltre, per sua stessa ammissione, i due «romanzetti» sono stati "leggicchiato" il primo, il secondo presto abbandonato («tentammo di leggere», afferma): il che è perfettamente lecito a un lettore comune, ma inconcepibile (e oserei dire disonesto) per un esegeta militante; come può un Titta Rosa formulare giudizi critici "leggicchiando" e "tentando di leggere" le opere su cui emette giudizi negativi così trancianti? E poi, a meno che nel fervore dell'arringa non si sia espresso male,[27] il sospetto di una lettura più che cur-

---

[27] Per esempio gli aggettivi *enfatico*, *arbitrario* e *generico* andrebbero più correttamente riferiti non già al "Sud italiano" e al "paese esotico", ma

soria sfiora la certezza quando il critico contesta a Rimanelli di avere rappresentato in *Una posizione sociale*, oltre a un Sud «enfatico ed arbitrario» anche «un paese esotico e altrettanto generico». Paese *esotico* la New Orleans che il nonno Dominick rievoca con la sua tromba ogni volta che è triste? "arbitraria" e "generica" la New Orleans dell'atroce linciaggio di undici emigrati italiani ingiustamente arrestati nel 1891? Oppure, visto che usa l'iniziale minuscola, sarebbe *esotico* il paese molisano dove è ambientata la maggior parte della vicenda? In che senso, poi? Voleva forse intendere "tutto inventato", "poco credibile" o mantenersi nella denotata accezione di "intriso di colore locale"? Ma poi, soprattutto, dove ha visto Titta Rosa lo «stile anfanante e gonfio»?[28] Che dire inoltre della norcinesca similitudine («salsicciotti di carne di maiale tritata e pimentata di varie spezie, ma insaccati male»), che vorrebbe essere sarcastica e spiritosa, e risulta invece solo goffa e volgare? E ancora: come giudicare l'acritico giudizio sul

---

casomai allo stile con cui Rimanelli li ha rappresentati; inoltre *generico* non esprime affatto enfasi e arbitrio, ma piattezza, scarsa personalità: e oltretutto, quell'*altrettanto* appare un inutile, scollegato pleonasmo.

[28] Fino a qualche anno fa mi sarebbe stato difficile negare recisamente valore a un giudizio tanto drastico formulato sul terzo romanzo di Rimanelli, esaurito da tempo e quasi introvabile persino nelle biblioteche pubbliche. Provvidenziale (e benemerita), la riproposta (1996) – esemplarmente curata e introdotta da S. Martelli per l'interessante collana "Il Melograno" dell'editore Avagliano di Cava dei Tirreni diretta da Michele Prisco – offre finalmente la possibilità di verificare non soltanto la sostanziale incomprensione (per non dir altro) del recensore, ma soprattutto la modernità e il livello artistico di *La stanza grande* (questo il nuovo titolo voluto dall'autore). Del resto, a rappresentare la narrativa di Rimanelli nel volume *Molise* della collana "Letteratura delle regioni d'Italia. Storia e testi" diretta da P. Gibellini e G. Oliva (Brescia, La Scuola, 1994), i due curatori, S. Martelli e G. Faralli, hanno trascelto unicamente un brano di questo romanzo (pp. 195-206), ritenendolo evidentemente più rappresentativo di altri nell'ambito dell'ampia – e in gran parte inedita – produzione letteraria dell'autore molisano.

disco allegato al libro, sgradevolmente intriso di snobismo acidamente spocchioso?

> Novità unica di quel romanzetto: era accompagnato da un disco, che infilammo, per curiosità, nel nostro Grundig, caso mai ci dicesse esso qualcosa di più. Era un brutto disco, con una tromba non meno sfiatata di quello stile, diciamo così, verbale.

Oltre ad apprendere che *Una posizione sociale* è un «romanzetto» obsoleto e il disco è «brutto»,[29] veniamo più che altro informati del fatto che Titta Rosa – come tutti i non-furbi, ritengo, giusta la premessa sul *plurale majestatis* – possiede un Grundig, apparecchiatura che nel 1960 costituiva un ambito *status symbol* (sempre che qui si tratti di un radiogrammofono e non, come indurrebbe a pensare il brutto «infilammo», di un modesto "mangiadischi"). Concedendo poi che la puntina di diamante del pickup fosse nuova di zecca, e concedendo soprattutto al critico abruzzese una competenza *jazz* quantomeno adeguata a quella, notoria e

---

[29] A parte che da un critico della statura di Titta Rosa ci si sarebbe aspettata un'aggettivazione meno banale, non è chiaro se *brutto* qualifichi la qualità della musica o il livello dell'esecuzione. In ambedue i casi il giudizio, non sostenuto da adeguate argomentazioni né basato, come mi pare evidente, su una competenza specifica, appare soltanto un gratuito *flatus ... calami*. Oltretutto il gruppo cui fu affidata l'esecuzione dei brani musicali, la Original Lambro Jazz Band, risulta formazione di tutto rispetto, citata in quasi tutte le enciclopedie e le più importanti monografie sul jazz, e segnatamente in W. BRUININCKX, *Traditional discography 1897-1987*, dove infatti (vol. IV, p. 1383) sono registrate nell'ambito della nutrita discografia del gruppo le quattro composizioni (*Parish prison blues, Lost baby blues, Ol' man in Kalena* e *Pink red and blue*) contenute nel 45 giri, dato come *inedito*, in quanto, credo, non distribuito dai canali tradizionali, ma a corredo di un libro. Difficile credere che una band nota si prestasse a incidere brani dilettanteschi, e ancor meno credibile è che li eseguisse male. Probabilmente Titta Rosa pensò che, per delirio egotista, a suonare fosse lo stesso Rimanelli, la cui «tromba [...] sfiatata» si gemellava in sonorità con lo stile «anfanante» della scrittura.

profonda, dello scrittore,[30] l'ascolto dei quattro brani jazzistici – composti fra l'altro da Rimanelli stesso in collaborazione con Pasquale Miozza, un italo-americano tornato a Casacalenda – determina il deciso polliceverso di Titta Rosa: scrittore e musicista, sentenzia, sono due "trombe sfiatate" e, per di più, lo stile di Rimanelli non è degno neppure della qualifica di *verbale*, di essere cioè considerato "parola".

Con tutto il dovuto rispetto per il critico, direi che questa recensione costituisce un illuminante episodio di quel (mal)costume proteiforme contro cui erano diretti gli strali di Rimanelli nel *Mestiere*: in esso è possibile contemplare infatti la sostituzione dei legittimi canoni che mescolano il dissenso e il libero giudizio estetico-letterario con i livori e gli interessi di parte, qui tanto lampanti e così pacchiani da non trovare giustificazione sufficiente neppure nella giovanile tracotanza con cui Rimanelli aveva episodicamente sparato su alcune – peraltro manifeste – carenze più o meno rilevanti di onestà intellettuale: un *habitus* di non pochi suoi illustri bersagli, *défaillances* di gusto e di stile su cui Titta Rosa glissa del tutto, fermandosi invece intensamente, nella recensione a Rimanelli, su particolari che restano nella sostanza ai margini del discorso centrale dello scrittore, la denuncia del malcostume. Anche ammettendo che Rimanelli abbia ecceduto nei toni, che abbia errato in accostamenti e paralleli, che abbia magari preso abbagli, non ne resterebbe infatti intaccato per questo il nucleo generatore e propulsore dell'intero *Mestiere*: che è imperniato su questioni ben

---

[30] In aggiunta al disco, il romanzo era corredato di un'appendice con numerose e informatissime note che, oltre a rispondere all'intento di collegare forme musicali nate in ambienti geograficamente lontani ma analoghi per condizioni sociali ed esistenziali, dimostrano l'acceso interesse e la competenza di Rimanelli nell'ambito del jazz.

più coinvolgenti e nevralgiche, implicanti ineludibili scelte morali e professionali assai impegnative.

> La critica che io combattevo era quella della confusione e dell'incoscienza, della premeditata vendetta, dove il sacrificio, il valore, l'onestà, il genio, la tradizione e la contemporaneità venivano ufficialmente vilificati e ridotti a non storia, non tradizione, non vita, non futuro, non speranza. Quale futuro, quale speranza, quale onestà può esserci in una critica quale quella presentata dal buon "restiamo a galla" Titta Rosa, nell'articolo inconsistente e villano già ricordato?[31]

Dal dettato di tutto l'articolo appare evidente che l'intento di Titta Rosa era sostanzialmente quello di dimostrare l'inattendibilità culturale di Rimanelli, e pertanto la fragilità, per non dire l'inconsistenza, dei suoi giudizi sui singoli autori e delle sue diagnosi sullo stato della letteratura e di certa critica. Il recensore dedica gran parte delle quattro colonne a difendere i colleghi Bocelli e Falqui, tanto che ancora una volta si ha l'impressione che abbia non soltanto "leggicchiato" *Il mestiere*, ma ne abbia letto soltanto il primo capitolo; trascurando invece di affrontare lo spunto per una discussione di merito sul panorama della letteratura offerto da Rimanelli, contestandogli magari i giudizi più aspri e quelli meno articolati, oppure le inedite promozioni di *outsiders* come Ugo Moretti e Marcello Barlocco di contro agli affossamenti di Landolfi o Bassani. Titta Rosa nulla, non ne dice nulla; così come si guarda bene dall'entrare in una contestazione di quanto veniva stigmatizzato a proposito di notorie "protezioni" dispensate ad alcune personalità francamente mediocri in importanti e ben finanziati premi letterari o presso editori più o meno forzosamente compiacenti.

---

[31] G. RIMANELLI, *Molise Molise*, cit., p. 138.

Proverbiale cattiva consigliera, l'ira annebbia Titta Rosa, al punto da fargli travisare più di una volta quanto Rimanelli ha scritto. Qualche esempio, per darne un'idea.

> Ma ecco una prima grossa perla in "funzione di rottura". L'autore cerca di "demolire" Antonio Baldini e poi dice testualmente: «Al tempo della sua formazione letteraria, in Italia, sia pure di riflesso, si raccoglievano le influenze del romanticismo e dell'impressionismo francesi, con Mallarmé, Baudelaire, Rimbaud, Verlaine, persino con Gérard de Nerval e con Proust». Ci stropicciamo gli occhi a tanta confusione di nomi e di tempi. Ma non possiamo dimenticare che la *formazione letteraria* di Baldini è dei due primi decenni del Novecento, anzi del secondo. Vi pare allora possibile che il romanticismo e l'impressionismo francesi (1830-1870) aspettassero tanto ad influenzare la formazione letteraria dell'autore di *Michelaccio*?».

L'abbaglio mi pare evidente: Rimanelli non ha detto affatto che Baldini si sia formato su quegli influssi; afferma ben altro, precisando due righe dopo:

> Un tempo pieno di fermenti e di naturale progresso, da accogliere selezionando, se ci si fosse decisi ad uscire dalla casa di vetro o dal quartiere: ma Baldini [...] preferì alla sgrammaticatura geniale la bella pagina inodore, alle aspirazioni sociali di libertà e giustizia di cui ribolliva il ventre europeo, la buona tavola, gli spaghetti di Trastevere e le stampe di Pinelli.[32]

Romanticismo e impressionismo avevano nutrito quegli scrittori francesi, che, arrivati (e piuttosto in ritardo) in Italia, sollecitavano rinnovamenti formali e contenutistici che non toccarono Baldini. Ora, si può dissentire – e io per primo – sulla durezza nei confronti di Baldini, il quale, per quanto abile giocoliere dello sti-

---

[32] *Il mestiere del furbo*, cit., p. 23

le, lo è a notevolissimo livello d'arte e di spirito; e se non si potrà negare che talora il suo pur alto giocare risulti più stupefacente che profondo, che certi suoi preziosismi linguistici e stilistici non siano niente di più di un elegante, consapevolissimo *jeu d'esprit* e che i suoi libri eludano sostanzialmente ogni impegno ideologico, è anche vero che la sua "bella pagina" non è affatto «inodore»: un suo bel profumo ce l'ha, e quasi sempre molto gustoso.

Ma è abbastanza evidente che la contestazione di Rimanelli non va tanto contro il Baldini artista o artigiano che sia, quanto contro la sordità sua e di altri cultori della "bella pagina" nei confronti delle mille sollecitazioni offerte dai nuovi tempi; non critica lo scrittore e quella sua dedizione al puro *ludus* letterario, ma l'esaltazione che una certa critica fa di questo tipo di letteratura, consacrandola sugli altari come la sola possibile, l'unica nobilitata e inserita nel solco della tradizione, e come tale praticamente la sola ad essere connaturata all'espressione letteraria; senza dire che quasi tutti i "lettori" delle case editrici, tutti o quasi i membri delle giurie dei vari premi nazionali provengono o appartengono alla categoria dei critici militanti, e possono dunque fare opinione, disporre a piacere o a convenienza il pollice in su o in giù e determinare un successo o un fiasco, indipendentemente dalle qualità del libro in concorso. E molti di loro scrivono a loro volta saggi e soprattutto romanzi...

Ma invece di contestare le accuse di sordità, chiusure preconcette, supponenza, invece di smentire certi accadimenti di cattivo costume, Titta Rosa continua «con queste "spulciature"» (definizione sua), afferrando però anche pulci fantasma:

> Sorvolato su uno scazònteo paragone tra Bigiaretti e Christofer [*sic*] Isherwood, eccoci a pag. 35, dove si accu-

sano le lettere italiane di un "delitto contro Tozzi". Uno s'aspetta di vedere di che delitto si tratti, essendo risaputissimo che la critica italiana del tempo si occupò largamente di Federico [sic] Tozzi (da Borgese a Cecchi a Gargiulo a Tecchi a De Michelis, ecc.). Il Rimanelli e C. grida invece al "delitto" di noncuranza verso lo scrittore senese, e di oblìo. Che vuol dire che le carte parlino? Niente.

Benissimo: le carte parlano, e non mi sembra che quelle di Rimanelli dicano esattamente quel che Titta Rosa vi legge. Intanto, il «paragone» Bigiaretti-Isherwood non è «scazònteo», anzi non è un «paragone» tra i due autori, ma fra «due formazioni culturali diverse» che «possono darci gli indici d'una storia culturale europea che da una parte ha sofferto di languore prima di tornare indipendente, e dall'altra di troppo attivismo politico. [...] Il legame, che più o meno unisce il periodo culturale italiano dal quale è nato Bigiaretti a quello inglese dal quale è nato Isherwood, è uno solo: una intensa ripresa poetica, di tipo realista».[33]

Rimanelli «Confonde Kafka con Barbusse», accusa ancora Titta Rosa. Andiamo a leggere il pasticcio contestato, e proprio non mi sembra che sia così:

> Un certo assurdo delle immagini tozziane, che sono invece trasposizioni o rifrangenze del sentimento (come spesso le ritroviamo anche in Kafka o in Barbusse), è stato giudicato inaccettabile perché falso [...]; quando Tozzi così pazzamente gioca con la sua fantasia e la sua sensibilità, viene considerato lambiccato. «È una specie di giuoco arbitrario quanto disinvolto, sul lusinghiero sottinteso della profondità suprema», sanziona il Gargiulo.[34]

---

[33] *Il mestiere del furbo*, cit., pp. 29-30. Da notare poi che Rimanelli prosegue tracciando un convincente profilo dello scrittore inglese e dell'ambiente letterario suo contemporaneo, mentre dall'accenno di Titta Rosa parrebbe che abbia buttato lì un accostamento circoscritto e quasi improvvisato, oltreché sballato.

[34] Ivi., p. 36.

Come si può constatare, si tratta qui di un mero richiamo associativo che non vuol essere niente di più di un accostamento, che comunque non confonde affatto i due scrittori, se si intende il verbo nell'accezione più comune di "scambiare", "prendere una cosa per un'altra". Oppure Titta Rosa riteneva – come del resto molti pseudocustodi della moralità in letteratura – che Barbusse fosse "indegno" di 'accompagnarsi' a Kafka, anche in un accostamento stilistico tanto innocuo?

E a proposito di Tozzi: è vero che la critica «s'occupò largamente» di lui, come dice Titta Rosa contestando Rimanelli; ma il punto è un altro: in che modo lo fece? Per lo più, come ci si occupa d'un animale esotico, d'un curioso essere vivente che sfugga come un'anguilla ai tentativi di etichettatura, costringendo pertanto i critici a difficili esercizi d'equilibrismo spesso infiorettati di ossimori («sensuale e mistico, grossolano e sentimentale, violento e fiacco», Prezzolini; «qualcosa di torbido e di morbido era indubbiamente nel suo spirito», Russo). Ma poi l'insistere sulla "torbidità" del suo sguardo e della sua figura selvatica, grossamente sbozzata, sugli abiti costantemente inzaccherati, sulla mancanza di riguardi, di educazione e di modestia nei confronti del prossimo, non sono certo argomenti validi sul piano esegetico, e non servono neppure come supporti alla retta comprensione della sua opera. Come Rimanelli afferma acutamente, proprio quei critici – quasi tutti – che non ignorarono Tozzi e ne analizzarono le opere colsero magari la sostanza di alcune delle novità che esse proponevano, ma "non si affiancarono a Tozzi": tant'è vero che, invece di ridimensionare l'aneddotica concresciuta attorno al personaggio per evidenziare e valorizzare come meritavano lo sforzo di novità e l'impeto interiore dell'artista – sotteso, ma visibilissimo e suggestivo –, hanno insistito sulla sua "fisicità", contribuendo spesso a caricarne i colori, le sgradevolezze, le goffaggini:

> Non riuscendo, nonostante gli sforzi, a trovargli un posto (ma era ovvio) fra gli scrittori della sua generazione e in rapporto al suo tempo, si son cercate parentele d'intelligenza coi romanzieri russi, e si è assomigliata volentieri la sua arte a quella che ci hanno dato il naturalismo e le ispezioni psicologiche: richiami di assoluta negatività in quell'epoca estetizzante. Ciò che si colse di questo scrittore non va oltre il patologismo e la morbosità o torbidità che era in lui come in molti suoi personaggi.[35]

In quanto poi a scandalizzarsi per aver Rimanelli cronologicamente anteposto Bacchelli, Cicognani, Pea o Palazzeschi a Tozzi («Ma quale "cronista letterario" non sa, salmisia, che Tozzi venne *prima*; e che i sunnominati, come romanzieri, vennero dopo?»), Titta Rosa mostra ancora una volta di aver "leggicchiato" il *Mestiere*: e non tanto per non aver pesato il fatto che *Il podere* e *Tre croci*, pubblicati nel 1920, vennero "scoperti" ben più tardi, e da scrittori abbastanza lontani – anche perché più giovani, e desiderosi quindi di novità e di verità – dai manierismi toscaneggianti dai quali Cicognani, Pea e in parte l'emiliano Bacchelli si lasciarono calamitare;[36] ma soprattutto perché proprio alcuni esponenti di spicco della critica "frammentista", *in primis* il pur attento Gargiulo, avevano denunciato nella valutazione di Tozzi un chiaro esempio di scarsa ob-

---

[35] Op. cit., p. 39.

[36] Senza contare poi che *La Velia* è dopotutto del 1923, *Il diavolo al Pontelungo* del '22 – stesso anno del *Moscardino* di Pea –, *Lo sa il tonno* è anch'esso del '23; e se si dovrà aspettare la seconda metà degli anni Trenta per avere *La Maremmana* (1938) o la po(n)derosa trilogia di *Il mulino del Po* (1938-40), è anche vero che le premesse strutturali e stilistiche di questi esiti indubbiamente rispettabili erano già tutte, e decisamente più vistose, nei libri precedenti.

biettività, troppo spesso indulgendo, certi esegeti, a un più o meno consapevole risarcimento di compassione per l'infelice esistenza dello scrittore e per la sua morte prematura (accusa che, peraltro, venne anche da tutt'altra sponda critica, da Luigi Russo).[37] E comunque, pur ammettendo – e però concedendo solo in minima parte – un'immediata attenzione tributata a Tozzi ancor fresco di stampa da parte della critica più ascoltata,[38] resta il fatto, innegabile, che si continuò a riser-

---

[37] L. RUSSO, *I narratori (1850-1957)*, terza edizione integrata e ampliata, Milano-Messina, Principato, 1958[3], pp. 273-75: «In Italia è generoso costume che, alla morte di uno scrittore, se ne cantino le lodi come di un santo e se ne pianga la fine, come di un lutto irrimediabile per le sorti della patria letteratura; così tenace è l'abitudine alla retorica e così facile l'illusione sulla fortuna delle frasi, per ogni disgrazia che capiti nel vicinato. [...] Nel caso del Tozzi poi si invocarono i nomi di Verga e di Dostojewski, per disdegnoso gusto di tutta l'altra corrente di letteratura. Così grande dunque e persuasa è la riverenza per la virtù defunta, specialmente se l'elogio funebre può servir di affettuoso rimbrotto per i superstiti rivali; ma è vero anche che tanta liberalità di lodi può procacciare a chi voglia veder chiaro nella faccenda, la fama di ingeneroso e di empio, anche quando cotesto cotale non abbia ambizione alcuna per aspirare a una rinomea così paurosa e sinistra. Queste parole sian di suggello dunque, se noi diremo con soverchia semplicità che né *Tre croci* né *Il podere* ci sembrano due capolavori; e che non è da parlare neanche di opere d'arte in tono minore, perché per tale qualifica, manca all'arte del T. l'unità e la coesione dei motivi». Il profilo di Russo, ristampato senza varianti dalle precedenti edizioni 1923 e 1950 del volume, risale al 1922.

[38] Com'è noto, il primo (e quasi unico) autorevole critico ad accorgersi della novità di Tozzi fu G. A. BORGESE, che nel suo volume di saggi *Tempo di edificare* (1923, ma la recensione a *Il podere* era apparsa ai primi del 1920) lo salutò come diretto e degno erede del verismo; era ovvio che un simile apprezzamento non trovasse consensi da parte della critica contemporanea, che, come giustamente osserva Rimanelli (p. 36), «preferì respingere Tozzi lentamente ma inesorabilmente mediante una critica che, prima delle sue pagine, si avvaleva dell'*uomo* Tozzi». Un ritorno d'interesse fu poi quello suscitato dal numero di «Solaria» del maggio-giugno 1930, per il decennale della morte. Il definitivo "ritorno" dello scrittore e l'inizio di un'equa valutazione della sua originalità sono databili ai primi anni Sessanta.

vare ori e allori[39] a libri cruscheggianti e ultrafiorentinizzati tipo *L'omìno che à spento i fòchi* (1937), ignorando colpevolmente *Con gli occhi chiusi*, *Tre croci*, *Il podere*: la cui effettiva "riscoperta" (ma anche questa viziata da troppi *distinguo* e da ancora accanite opposizioni) sarà degli ultimi anni Trenta, soprattutto per gli spontanei riconoscimenti tributati all'autore senese dai giovani collaboratori delle riviste d'avanguardia, in particolare da «Campo di Marte» – fondata da Gatto e Pratolini nell'agosto 1938 e soffocata dalla censura appena un anno dopo – e da molti esponenti della nuova generazione di intellettuali che, ricercando verità e novità per uscire dal conformismo letterario e politico del periodo, riconoscevano in Tozzi il più stimolante e attivo dei propri "maestri".[40]

Non sono questi i soli punti in cui Titta Rosa potrebbe essere sorpreso in flagrante reato di lettura corriva, se non di malafede.[41] Ma, fermo restando che non

---

[39] Tanto per avere un'idea di cosa potesse significare per uno scrittore vincere uno dei premi letterari di maggior prestigio, nel 1932 la giuria del Bagutta assegnò (a Titta Rosa) ben cinquemila lire [più o meno 13.000 Euro di oggi].

[40] Per esempio un poco più che ventenne Pratolini (*Vita di Tozzi*, in «Il Bargello», 21 marzo 1935) aveva dichiarato: «Noi giovani si dovrebbe avere idee chiare, ormai, ed alla voce "romanzo" – messi in pari con Palazzeschi – fermarsi a Tozzi e Verga. Con questi contadini e con questi pescatori (*Podere* e *Malavoglia*) c'entra aria sana ne' polmoni e ci giova allo spirito». Oltre a Pratolini, hanno denunciato più o meno esplicitamente il proprio debito nei confronti di Tozzi moltissimi scrittori della sua stessa generazione, da Bilenchi a Cassola a Bigiaretti (per il quale, ad esempio, Tozzi «fu il primo autore contemporaneo da *lui* scoperto, per caso, su una bancarella, quand'aveva sedici, diciassette anni. Fu un colpo di fulmine, con conseguenze non drammatiche, anzi stimolanti»: L. BIGIARETTI, *Il dito puntato*, Bompiani, Milano 1967, p. 27).

[41] Non posso esimermi però, considerata anche la relativa irreperibilità dell'articolo, di citarne la *cauda*, dove il veleno si condensa in bifide quanto gratuite allusioni: «Ma qui ci assale un dubbio. Che il Rimanelli e C. abbia sbagliato mestiere? Che invece di scrivere *Il mestiere del furbo* abbia scritto *Il mestiere del fesso*; anzi, per dirla col Manzoni, del "cojon"?

mancano ovviamente in *Il mestiere del furbo* trascorsi di vario tipo, credo che sia ormai tempo e opportunità di sganciarmi da questa recensione:[42] sulla quale non mi sarei soffermato così a lungo se non mi fosse sembrata esemplare, come ho già detto, di un certo costume; se inoltre non costituisse un'ideale cartina di tornasole per rivelare l'effettiva esistenza di consorterie intellettuali, e che dunque Rimanelli non vedeva fantasmi; e se, infine e soprattutto, il prezzo pagato per una presa di posizione tanto sincera e accoratamente allarmata non fosse stato, oltreché assolutamente ingiusto, del tutto sproporzionato: un vero e proprio ostracismo,[43] che – grave conseguenza forse non calcolata

---

Non ci stupirebbe, se è vero, a quanto ci dicono, che egli abbia lodato i romanzi di Giose Rimanelli, firmando A. G. Solari. Sì, ha forse ragione la signora Stein...». Titta Rosa allude all'articolo *Giose Rimanelli. La congiura del silenzio*, apparso su «Lo Specchio» a. II, n. 41, l'11 ottobre 1959, recensione a *Una posizione sociale* dovuta «alla penna di un giovane collaboratore [...] fin troppo affettuoso ed entusiasta», come preciserà Rimanelli nell'articolo in cui toglierà la maschera ad A. G. Solari (n. 49, 6 dicembre 1959); la rubrica *Lettere* era stata infatti affidata a un vice, sconosciuto allo stesso titolare, che lo sostituì dal n. 18 (3 maggio) al 41 (11 ottobre), essendo Rimanelli prima malato e poi, dal 3 luglio, come si è già detto, in viaggio nel Canada e negli USA. Cfr. nell'*Appendice* il regesto degli articolo apparsi sullo «Specchio», pp. 79-97.

[42] C'è da dire che la stroncatura di *Il mestiere del furbo* non venne raccolta da Titta Rosa nei tre volumi del suo *Vita letteraria del Novecento* (Milano, Ceschina, 1972): forse, sbollita l'irritazione del momento, il critico si accorse di aver esagerato; o forse ritenne che non valesse la pena di ricordare, anche se *ad iniominiam,* il nome di Rimanelli in un libro, supporto notoriamente meno caduco d'una pagina di quotidiano. Porterebbe a questa seconda interpretazione un episodio del 1971, riferito da Rimanelli stesso in *Molise Molise* (p. 132): «Nel 1971 Giovanni Titta Rosa pubblicò un'antologia dei *Narratori dell'Abruzzo e del Molise* unitamente a Giuseppe Porto. Porto dovette lottare perché Giose Rimanelli, in quanto scrittore del Molise, venisse incluso nell'antologia».

[43] Fra le testimonianze più significative di questa grave quanto squallida vendetta, c'è un episodio ricordato da Pietro Corsi nel già citato *Sodalizio con Giose Rimanelli* (pp. 29-30): «... avevo iniziato una buona collaborazione col poeta napoletano Michele Galdieri per la creazione di programmi radio e televisivi.[...] Facevo anche traduzioni per il cinema, [...] e per

allora – a tutt'oggi tiene lontano nome e opere di questo scrittore dalle pur affollate storie letterarie della nostra Italia. Dove evidentemente, come diceva Sciascia ma come si può ripetere anche oggi, la memoria è corta, dal momento che basta una piccola congiura di palazzetto o qualche anno di un esilio praticamente forzato a far uscir di scena uno scrittore più degno di tantissimi altri di ottenere un dignitoso collocamento negli anche troppo indulgenti panorami della narrativa contemporanea. Alla sincerità di Rimanelli – che dopo due anni in maschera assume tutte le proprie responsabilità, sapendo benissimo di suscitare chiasso e di accendere forti risentimenti – si rispose con un'azione strisciante, pervicace e distruttiva le cui conseguenze, forse al di là delle intenzioni, hanno agito anche alla

---

la televisione avevo preparato due sceneggiati da racconti dell'amico Rimanelli, *Il padre della Patria*, pubblicato da Antonio Baldini su "La Nuova Antologia", e *Un contratto di matrimonio*, racconto tradotto già in molte lingue. Il Galdieri li aveva letti e se ne era innamorato. Li aveva presentati alla commissione di lettura della RAI-TV ed erano stati accettati. Ma improvvisamente la morsa si fece più stretta e un giorno il Galdieri mi telefonò. "Figliolo" disse col tono paterno che lo distingueva durante le nostre conversazioni, soprattutto quando voleva infondermi forza e coraggio. "Ma tu non mi avevi detto che Rimanelli e Solari sono uno e la stessa persona. Rimanelli lo conoscono tutti e lo stimano, ma Solari non piace a qualcuno, e perciò *Il padre della Patria*, che era già pronto per essere filmato, è stato ora cancellato". Capii allora il silenzio di Rimanelli quando decise di partire per gli Stati Uniti, e sentii la stretta, la forza della morsa. Il "qualcuno" di cui aveva parlato Galdieri era un patrono delle lettere e dei premi, influente dietro cattedre universitarie e in redazioni di giornali. Era persona autorevole specie alla RAI-TV, e si chiamava Goffredo Bellonci, marito dell'autrice di *Lucrezia Borgia*, un libro intessuto di veleni. Il Bellonci disse infatti, in giro nel suo mondo, che "il Rimanelli può anche darsi che sia un genio, ma è morto ormai perché non apriremo mai i suoi libri". Frase giusta, diretta, inequivocabile: quasi contemporaneamente a *Il mestiere del furbo* uscì presso Vallecchi *Una posizione sociale*, romanzo importante, innovativo, [...] un connubio letteratura-musica, sperimentalmente unico, ma che nessuno lesse, nessuno volle leggere, ad eccezione di Ungaretti che lo aveva definito "un'opera di poesia".[...] E scrittori a Roma dibatterono a lungo una mozione se espellerlo dal Sindacato Nazionale Scrittori. Cosa troppo assurda, rigettata».

distanza di decenni: Rimanelli non compare o è solo citato nella maggioranza delle storie della letteratura, né ha una "voce" nei numerosi dizionari settoriali o nei repertori bio-bibliografici pubblicati negli ultimi cinquant'anni;[44] fatto poi ancor più grave, non si ristam-

---

[44] A complemento dei "silenzi" registrati da S. MARTELLI (cfr. Un «irregolare» nel neorealismo ed oltre: Giose Rimanelli, in AA.VV., Letteratura contemporanea italiana ed europea. Atti del Seminario di Studio 12 gennaio-1 giugno 1995, a c. di L. de Finis, Trento, Associazione Culturale "Antonio Rosmini", 1996, pp. 233-34 e n. 7), aggiungo ulteriori segnalazioni. Del tutto ignorato nelle diverse edizioni di I narratori di L. Russo (Milano-Messina, Principato, 1951 e 1958), nei sei volumi dei Contemporanei della Marzorati (Milano 1974), nel Novecento della Storia della letteratura italiana, a c. di E. Cecchi e N. Sapegno (Milano, Garzanti, 1987^2), nella Letteratura italiana, diretta da A. Asor Rosa (Gli autori. Dizionario bio-bibliografico e Indici, Torino, Einaudi, 1991), nella Letteratura italiana d'oggi 1965-85 di G. Manacorda (Roma, Editori Riuniti, 1987); che però nella precedente Storia della letteratura italiana contemporanea (1940-1975), Roma, Editori Riuniti, 1977^4, aveva sì espresso un giudizio positivo su Tiro al piccione, riportato anche da Martelli («dopo aver dato forse la più viva testimonianza della guerra in Italia vista "dall'altra parte"»), ma aveva anche concluso il breve cenno – pur sempre meritorio, dato il quasi generale silenzio – annullando in pratica quella lode con un «rapidamente decadeva in un regionalismo di maniera» che liquidava lo scrittore e suo Peccato originale. Rimanelli è poi appena una citazione nel Dizionario critico della letteratura italiana, a c. di V. Branca (Torino, UTET, 1986^2), nel Novecento curato da G. LUTI per la nuova edizione della Storia letteraria d'Italia (Padova, Vallardi-Piccin, 1993); del solo Tiro al piccione tratta M. TEDESCHI in Letteratura italiana. Storia e testi, a c. di C. Muscetta (vol. 10, tomo I, Bari, Laterza, 1980, pp. 205-207, con brano antologico); e una "voce" specifica gli è dedicata solo nel Dizionario universale della letteratura contemporanea (Milano, Mondadori, 1962) e nel recente Dizionario della letteratura italiana del Novecento, diretto da A. Asor Rosa (Torino, Einaudi, 1992; autore del breve profilo F. PIGNATTI). Nelle pochissime occasioni in cui si va oltre la mera citazione, occorrono oltretutto irritanti imprecisioni: per W. PEDULLÀ (in Storia generale della letteratura italiana, a c. di N. Borsellino e W. P., vol. XIV, Milano, Federico Motta, 2004, p. 659) Tiro al piccione sarebbe il «racconto di alcuni anni di drammatica vita in un campo di concentramento alleato» [sic], mentre Una posizione sociale (poi La stanza grande) è «un romanzo più che tentato dallo sperimentalismo». Un profilo finalmente più articolato inserito in un ampio panorama della narrativa novecentesca è invece quello tracciato da chi scrive nel IX volume della Storia della letteratura italiana diretta da E. Malato (Roma, Salerno Editrice, 2000, pp. 956-57). [Per più recenti omissioni, rinvio alla

pano da gran tempo i suoi romanzi.[45] Inoltre, se vuol pubblicare uno dei numerosissimi inediti – ha donato nel 1977 tutti i suoi manoscritti alla Thomas Fisher Rare Book Library di Toronto –, deve farlo (non soltanto, io credo, per scelta polemica) presso editori non inclusi nel gran giro commerciale e distributivo, generosi e disponibili, certo, ed encomiabilissimi, ma destinati per ovvie costrizioni d'ambito essenzialmente economico a limitata diffusione.

Pur attribuendo a ciascuno le proprie responsabilità, mi pare indubbio che le omissioni e le disattenzioni più recenti nei riguardi di Rimanelli possano almeno parzialmente dipendere da «quello "scandalo" che chiuse i *suoi* ineffabili, briosi, furiosi, intensamente creativi Anni Cinquanta» (*Molise Molise*, cit., p. 133) e dal conseguente taglio netto con un'Italia letteraria che, invece di concedersi a un sincero esame di coscienza o comunque a un confronto con precise imputazioni, aveva preferito chiudersi a cerchio ed espellere il rèprobo. Proprio la spiacevole conclusione dell'avventura critica di Rimanelli avrebbe dovuto attestare invece la

---

mia *Introduzione* della ristampa da me curata del *Mestiere*, New York, Bordighera Press, 2016, p. XVI].

[45] Soltanto *Tiro al piccione* è riapparso, a ben trentotto anni di distanza dalla prima (e unica) edizione, ristampato da Einaudi nei "Tascabili", con prefazione di S. Martelli (Torino 1991); non risulta più disponibile: segno, insieme, del favore del pubblico e, insieme, della carente sollecitudine culturale degli editori. Eppure, oltre al valore intrinseco di scrittura e di contenuto, *Tiro al piccione* è il solo romanzo italiano che abbia descritto i tragici ultimi mesi della guerra civile visti dalla parte dei "repubblichini" di Salò; per quanto ne so, infatti, ne esiste soltanto un altro esempio, *A cercar la bella morte*, di Carlo Mazzantini, meno icastico ma altrettanto drammatico e coinvolgente, pubblicato da Mondadori nel 1986 e opportunamente riproposto nei "Tascabili" della Marsilio nel 1995. Per quanto concerne gli altri romanzi di Rimanelli, ho già segnalato la riproposta (1996), anche questa per iniziativa e cura di Martelli, di *Una posizione sociale*, felicemente reintitolato dall'autore *La stanza grande*. E mi pare tutto, in àmbito "recuperi".

fondatezza delle sue accuse, suonare l'allarme e agitare salvificamente le stagnanti acque fangose in cui felicemente nuotavano i "furbi" del momento, proponendo finalmente ai migliori, a coloro che sapevano e soffrivano come lui della situazione «una alternativa di dignità: o scendere in campo, o dichiararsi colpevoli e vinti».[46]

Ma a parte Moretti, Sciascia e pochissimi altri, nessuno sostenne pubblicamente Rimanelli: «Molti hanno riconosciuto la validità dei miei articoli su *Lo Specchio*, ma non hanno avuto il coraggio di scriverlo. Molti altri mi hanno inviato lettere di consenso».

La delusione non poteva essere più grande, soprattutto perché sicuramente preceduta da una speranza ben diversa per quello che sarebbe stato l'impatto del libro nell'ambiente letterario: ovviamente previste le alzate di scudi, le polemiche, i saluti tolti, magari le aggressioni dirette; ma non pesato con altrettanta preveggenza risultò il vuoto quasi completo di solidarietà, di consenso, di coinvolgimento in difesa.[47] E credo che non tanto i livori, i risentimenti, i *pollice verso*, le ripicche, le vendette più o meno meschine abbiano pesato

---

[46] U. MORETTI, *Faccia da schiaffi*, cit. (anche in *Molise Molise*, cit., pp. 136).

[47] Veramente, in chiusura dell'autodenuncia, Rimanelli presagiva una reazione del genere: «Dato lo schieramento attuale dei letterati, forse sarà possibile fare intorno ad esso [*al libro*] il silenzio, il deserto»; ma così com'è collocata, al termine di un ampio e articolato discorso nel quale si legge chiara tra le righe una sostanziale fiducia nella possibilità di un recupero di serietà e di rigore artistico, l'ipotesi («forse») riverbera tonalità di pura scaramanzia. Più tardi si chiederà: «come mai le persone che più stimavo nel firmamento letterario contemporaneo anti prosa d'arte, anti capitolo mi affossarono? Sono (ero) talmente inaccettabile? [...] Certo il solo concetto di un ragazzo che aveva scritto un valido libro sulla guerra civile, dalla parte sbagliata, quella "repubblichina", era inaccettabile all'epoca. [...] Negli uomini c'è sempre una ragione segreta o aperta per riufiutare chi gli fa ombra, chi non gli piace, chi non è dello stesso sangue o educazione» (*Discorso con l'altro*, cit., p. 23).

sulla decisione di Rimanelli di abbandonare il campo di battaglia, quanto invece il trovarsi solo e soprattutto inascoltato (e quindi inutilmente impegnato).

Del resto, segno inequivocabile di questa immediata reazione di arroccamento e chiusura mi pare il fatto che *Il mestiere del furbo*, a parte pochissime eccezioni, non sia stato recensito o comunque, dati i contenuti decisamente dirompenti, almeno citato, e sia stato invece "assorbito" con disinvoltura quanto meno sospetta; e della pervicacia dell'atteggiamento di indifferenza parla chiaramente, a mio giudizio, anche la circostanza che fino ad oggi il libro, non adeguatamente reclamizzato all'uscita, non sia stato mai ristampato, e quindi sia praticamente sparito. La tecnica vincente per cancellare qualcuno o qualcosa è sempre la stessa: alzare un bel muro di silenzio immediato e rigoroso, e poi lasciar tempo al tempo, contando su un'ampia e solida complicità di gruppo.

Il mestiere del furbo fu senza dubbio la «bomba vera e di durevole effetto» che si augurava Ugo Moretti:[48] ma scoppiò solo a danno di Rimanelli.

Altre ragioni certo – e penso soprattutto alla componente caratteriale di *wanderer* che Giose stesso si riconosce – spinsero oltreoceano lo scrittore molisano, a ricominciare e inventarsi giorno dopo giorno una nuova vita, nuovi lavori, tutto daccapo.[49] Ma a tagliar-

---

[48] U. MORETTI, *Faccia da schiaffi*, cit. (*Molise Molise*, p. 135).

[49] Cfr. P. CORSI, *Sodalizio con Giose Rimanelli*, cit., p. 29: «... un giorno venne nuovamente a trovarmi, a distanza di qualche settimana dalla pubblicazione del libro scandalistico [...]. "Andiamo a prendere un caffè in via Nazionale", disse. "Voglio presentarti a un amico canadese col quale forse partirò per l'America con un volo inaugurale della Canadian Pacific". Il signore canadese era Nick Ciamarra, molisano emigrato, ora proprietario e direttore del "Cittadino Canadese". [...] Quel giorno Giose uscì dalla sua isola, uscì dalla sua solitudine per cercare una nuova vita, una nuova avventura, oltre oceano. Il salto era tragico; per lui significò divorzio dalla famiglia, dall'Italia, dai suoi impegni, dai suoi studi, da quel

gli il penultimo ormeggio – l'ultimo, quello con il suo Molise, non lo ha mai tranciato né ha permesso che chicchessia glielo tranciasse – fu certo *Il mestiere del furbo*: non per vezzo, sicuramente, lo scrittore ha definito la pubblicazione del libro un "suicidio".[50] Tanto che mi sembra a dir poco doveroso precisare, al proposito, che Rimanelli "fu suicidato", come si usa dire: perché ci fu ben poco, anzi quasi nulla di volontario nella sua partenza, così come nel successivo rifiuto di continuare a "vivere" come scrittore italiano, e soprattutto nel sobbarcarsi dall'oggi al domani, in pratica, una situazione intellettuale ed economica che era di nuovo *bohémienne*, moralmente dignitosa, certo, ma in ben mutate circostanze biografiche: trentacinque anni, un ambiente di vita e di lavoro del tutto nuovi; costretto a lasciare in Italia, senza risorse, la moglie nuovamente incinta e un figlio di tre anni.[51]

Il risarcimento che dobbiamo a Rimanelli non riguarda però, ovviamente, la sfera delle contingenze biografiche, la perentorietà dei problemi economici, fami-

---

mondo affermativo-culturale che aveva scalato con opere di rilievo negli anni Cinquanta. Abbandonare tutto, fare tabula rasa di tutto, e ricomparire povero e depredato in un altro angolo di universo».

[50] Cfr. *Molise Molise*, cit., p. XXI: «Cronologia. [...] *1959*. Pubblicazione presso Sugar di Milano delle cronache letterarie *Il mestiere del furbo*, con il quale si suicida presso i letterati italiani».

[51] «Lettere giunsero dall'Italia. Volevano ancora racconti, articoli. Ma io ero morto per l'Italia. Facevo il professore al Sarah Lawrence College, a Bronxville. Un *college* di ragazze bene, progressiste. [...] E vivevo male, come quando facevo la bohème a Roma. A Roma scrivevo tesi di laurea, qui scrivevo grammatiche notturne a un milione di copie di tiratura per professori ignoti, divisi tra sesso e dollaro e rispettabilità accademica. [...] Non si trattava di conoscere l'America. Ero io che volevo conoscermi. Sapevo chi ero, e ne avevo un po' paura. [...] La moglie, a Roma, chiedeva denari. Era incinta di un altro figlio. Ma io non stavo più al gioco. [...] Sentivo rancore, sentivo ansia, sentivo le palle tagliate. [...] La mia vita è un aprire e chiudere le stanze, partire, sparire, tornare in un'altra stanza, guardare il bidet, la doccia, il tavolo, il portacenere. Che schifo!»: *Molise Molise*, cit., pp. 140-141.

liari e di lavoro con cui, alla pari della grandissima maggioranza degli umani, si è trovato fatalmente a dover fare i conti. Tra l'altro – grazie soprattutto alla tenacia, alla fantasiosa disponibilità dell'uomo, alla sua inesausta curiosità, a un rutilante ventaglio di interessi non esclusivamente culturali, alla perfetta padronanza dell'inglese e del francese, cui era in grado di affiancare un notevolissimo patrimonio di letture – l'avventura oltre Atlantico di Rimanelli non si è fortunatamente risolta in un calvario d'esule: dopo gli iniziali momenti inevitabilmente difficili, lo scrittore si inserì infatti ben presto nel mondo accademico statunitense: al Sarah Lawrence College di Bronxville, alla Toronto State University, alla New York University, a Yale, alla University of California di Los Angeles, all'University of British Columbia di Vancouver, alla State University of New York di Albany, dove resterà vent'anni.

Il risarcimento – riparazione tardiva e inadeguata, certo, ma l'unica possibile per noi, a tanta distanza di anni – dovrà consistere nel riconoscergli non soltanto i notevoli meriti di scrittore, ma nel valorizzarne anche le intuizioni critiche, quelle soprattutto che all'uscita del *Mestiere* potevano apparire superficiali dissacrazioni o giudizi avventati quando non malevoli, e che rivelano invece oggi, a poco meno di sessant'anni di distanza dalla formulazione, tutta l'acuta consapevolezza critica di un lettore d'eccezione, che è riuscito fra l'altro – operando pochi adattamenti soprattutto strutturali – a realizzare il raro miracolo di trasformare un materiale per definizione e per necessità "provvisorio" come una serie di interventi giornalistici, in un libro che possiede una definita fisionomia di testo critico, di consapevole, informato "panorama" di un ventennio circa della nostra narrativa, scritto *a parte subiecti* e dunque umoroso, vivido di estri e punte personali, e ovviamente di immancabili assunti discutibili e fors' anche opinabili, mai però gratuiti, avventati, sterilmente aggressivi.[52]

Da *Il mestiere del furbo*, ha felicemente sintetizzato Sebastiano Martelli, emerge

> un quadro di analisi non paludata del Novecento letterario: il rifiuto del calligrafismo e della prosa d'arte, «una forma verminante di vano estetismo [...] lirico formalistico», cui la narrativa dei secondi anni Cinquanta era tornata, mentre venivano emarginati gli scrittori più originali ed autentici, come era accaduto negli anni Venti per Tozzi, romanziere «nuovo», di spessore «europeo», verso il quale si era consumato un vero e proprio «delitto».

Emerge una mappa del quindicennio letterario postbellico, in cui Rimanelli non ha remore ed indecisioni nel tracciare percorsi usando tratti forti: la «moralità» di Alvaro, Vittorini, Jovine, Pratolini; la centralità di Pavese, vero e proprio «maestro» per la sua «lezione di intelligenza, di ricerca nuova», la simpatia per gli «irregolari» come Berto, Arfelli e per i meridionali come La Cava, Sciascia, Rea, Pomilio, Prisco, o per gli «arrabbiati» come Moretti e Barlocco, le riserve sulle qualità letterarie dei romanzi di Silone, la incomprensione ed il rifiuto degli «isterici» come definisce Pasolini e Landolfi. Né mancano intuizioni critiche e di sociologia della letteratura che diventeranno materia di larga frequentazione nei decenni successivi: il ruolo del-

---

[52] Oltre alla soppressione di alcuni brani eccessivamente legati all'attualità del momento e all'inserimento di alcuni necessari raccordi fra brani di soggetto identico ma scritti e pubblicati su «Lo Specchio» in date diverse (si veda, per un esempio, qui in *Appendice* il testo del capitolo su Bassani, risultato dalla fusione di due diversi interventi), Rimanelli ha articolato la materia in parti e capitoli, secondo il seguente schema strutturale: « 1. LA CASA DI VETRO. Le amicizie contemporanee. Capitolo e frammentarismo. Pesci rossi e cancrena. Il delitto contro Tozzi. Tornare alle radici. 2. LA BATTAGLIA DELLE IDEE. Arte ingabbiata. La ragione politica. La ragione morale. Rinascenza. 3. LA LENTE SPORCA. I pavesiani. Arrivati o arrivisti. Gli isterici. 4. LO SVISAMENTO DELLE PROSPETTIVE. Gli arrabbiati. Arte immorale. L'ufficialità letteraria. I meridionali. Una via d'uscita? 5. O TEMPORA! O MORES! Le amabili nonne della letteratura del dopoguerra. Il Premio Strega. Il Premio Viareggio. Il Premio Marzotto».

la televisione, allora solo agli albori, in una società «pigra e in più disillusa, che plasma la sua coscienza e la sua triste volontà di ridere o di riflettere sulle battute di Mario Riva, sui cantanti di Sanremo, sui risultati dell'Enalotto e sui film scandalosi», che per accorgersi di uno scrittore ha bisogno «che altri ne strombazzi l'opera, possibilmente premiandola»; il nuovo spazio della narrativa femminile; la categoria del romanzo «medio standard» intorno a cui la narrativa italiana contemporanea si va strutturando con scrittori quali Cassola, Bassani e, con scarto in alto, Calvino, Ginzburg, la Morante, Rea. Una formula che anticipa quella del romanzo medio «di qualità», oggetto di teorizzazioni ed indagini critiche negli anni Ottanta. Nella mappa di Rimanelli non manca l'attenzione al rapido modificarsi dell'industria editoriale: l'editoria avventurosa di improvvisati coraggiosi piccoli editori dei primi anni della ricostruzione, soprattutto romani, destinati ad essere spazzati via dalla ritornante grande editoria milanese, che sostiene riviste e periodici, che nascono e muoiono nel volgere di mesi: «nel breve giro di tre anni, l'editoria romana nacque, fiorì e si dissolse». Ma alla capitale restò la consolazione dei salotti.[53]

Alcuni giudizi di Rimanelli, aggiungo io, risultano poi tanto esatti – e in qualche caso profetici – da sopportare tranquillamente l'estensione ad opere successive di un determinato autore o attagliarsi a un suo profilo complessivo, o perfino preconizzare metamorfosi, svolte e involuzioni stilistiche o ideologiche assolutamente impensabili a fine anni Cinquanta.

Cassola, per esempio: all'uscita di *Il mestiere del furbo* aveva appena ripubblicato da Einaudi – nel volume di racconti e romanzi brevi che, con *La ragazza di Bube* (1960) e *Un cuore arido* (1961), costituirà la sua consacrazione presso il pubblico – l'opera che ancora oggi è ritenuta la sua più riuscita, *Il taglio del bosco*. Ebbene, pur disponendo per ovvie ragioni cronologiche

---

[53] S. MARTELLI, *Un «irregolare» nel neorealismo*, cit., pp. 235-36.

solo dei primissimi esiti cassoliani, Rimanelli riesce a definire lo scrittore come se ne avesse già letto i libri successivi, tutti fino all'ultimo, centrandone sagacemente pregi e difetti:

> I suoi temi preferiti riguardano le povere piccole cose della vita, la descrizione e la vita di queste, quasi sempre senza dramma, quasi sempre con sopra una patina di gelo o di polvere o di malinconica illusione; quasi sempre sorprese in attimi, in atteggiamenti, senza un inizio e senza una conclusione; immagini anche care, ma viste con la lente imperfetta dell'analista che ricerca il contorno, la bella cornice, e difficilmente il cuore; ricerca le parole di uso corrente, le vicende anonime e addirittura banali, e quindi trascrive il comune senza infliggergli un battito vero, forte (che pure il comune possiede), e anzi spesso svuotandolo del suo connettivo di azioni e sentimenti, capovolgendo il tutto in nulla. [...] Il soldato di Cassola è la fotografia ricordo del soldato visto da una finestra. Poi, quando lo si vuol vedere anche dall'interno, [...] l'artificio viene a galla; ed è una pena constatarlo, poiché Cassola, così dimesso e semplice, così registratore essenziale di personaggi e paesaggi, sempre per qualche istante invita a ricordare Utrillo. Ci si illude per un po' che la cartolina che Cassola copia venga sottoposta allo stesso trattamento trasfigurante di Utrillo. Ma così non è. Alla fine di questo libro [scil. *Il soldato*], ad esempio, ci si domanda:- E cosa importa? Cosa ha voluto aggiungere? E, soprattutto, cosa ha detto che io non sapessi, quale emozione mi ha dato? [...] Anche il suo racconto più noto, *Il taglio del bosco*, pur essendo di una perfezione formale impressionante, non sfugge alla condanna di un tecnicismo esasperato ed «esterno», del resto non del tutto nuovo in letteratura. [...] L'azione, così allucinantemente geometrica, chiara, non consente soste di introspezione: la stessa psicologia di questi boscaioli, del resto così elementare, è resa senza alcuna partecipazione e senza nessuna emozione. La bellezza del racconto di Cassola probabilmente è in questa sobrietà, in questa continuità di gesti elementari ed ordinari. A noi, però, viene il sospetto che volendo minimizzare, ridurre all'osso e al verosimile tutto il tessuto narrativo, venga meno la stessa

sincerità dello scrittore, il quale, così confortandosi,[54] si riveste dei panni dell'illustratore.[55]

Mi si dirà che a rendere ancora attuale questo giudizio è più che altro la scoraggiante uniformità della produzione narrativa di Cassola e soprattutto il suo antistorico "ritorno", annunciato e attuato già nei primi anni Sessanta, a quella poetica protominimalista dell'ineffabilità dell'esistenza quotidiana e del "linguaggio muto delle cose" che aveva improntato le sue prime prove di successo e al quale tornava a conclusione della brevissima e assai flebile parentesi dell'impegno politico-sociale presente nelle storie "resistenziali" di *Fausto e Anna* e del più celebre *La ragazza di Bube*: fase creativa, tra l'altro, cui pure doveva (e deve, se ancor oggi ne ha) tutta la sua fortuna di scrittore.

Ma anche se la monotona ripetitività di personaggi, luoghi, situazioni, sentimenti corrobora evidentemente la vitalità del giudizio di Rimanelli facendone una sorta di *evergreen*, il critico non ne demerita affatto: la sua intuizione poggia infatti su fattori criticamente pertinenti, non su intuizioni impressionistiche, ed è inoltre tessera di un discorso complessivo e coerente sulla vitalità del romanzo – come intreccio e impegno contenutistico – perseguito e attuato con ammirevole coerenza nei settimanali interventi su «Lo Specchio» e riorganizzati a stretto giro di tempo in *Il mestiere del furbo*: nell'intento primario e programmatico di contrastare animosamente l'ossequiato potere di quei critici che, Falqui teorizzante e *favente*, recitavano da anni il requiem per il romanzo in nome della «fioritura d'un

---

[54] Il senso vorrebbe piuttosto «comportandosi». L'ultimo capoverso è una delle aggiunte in volume, e pertanto non mi è possibile, come è invece avvenuto in altri casi, apportare la correzione con il sostegno del testo pubblicato nel settimanale.
[55] *Il mestiere del furbo*, cit., pp. 126-27.

"genere", che, pure rappresentando un sicuro titolo d'onore per la letteratura del nostro tempo, continua ad essere tacciato o sospettato di calligrafismo e d'ismi altrettali da chi non si pèrita di disconoscere così il meglio del lavoro compiuto a tutto vanto della moderna prosa italiana».[56] D'altra parte, il fatto che per carenza d'impegno, di immaginazione, d'ispirazione o d'altro carburante Cassola o Moravia o Bassani abbiano continuato per anni a fabbricar storie riciclando gli ingredienti della prima fortunata ricetta, non era certo fattore prevedibile all'alba del 1960, anno in cui ognuno di questi tre scrittori viveva la piena maturità biologica e artistica e poteva quindi potenzialmente dare ancora il proprio, grande capolavoro.[57] Rimanelli avverte a quanto pare i limiti sostanziali dei tre scrittori, e soprattutto il loro "fiato corto" dietro l'apparente solidità della struttura romanzesca; e avvertiva in loro un forte odore di prosa d'arte.

Con l'eccezione di *Gli indifferenti* e in parte di *La ciociara*, le cose migliori di Moravia sono romanzi brevi

---

[56] E. FALQUI, *Il "capitolo" e la "prosa d'arte"* [1938], in *Novecento letterario*, serie seconda, Firenze, Vallecchi, 1960, p. 203 (poi di nuovo nella II ediz. «con postille» di *Capitoli*, Milano, Mursia, 1964, p. 16).

[57] Il più "anziano", Moravia (1907), lo aveva già dato a soli 23 anni, senza saperlo, con *Gli indifferenti*; mentre Bassani (1916) e Cassola (1917), poco più che quarantenni, stavano per pubblicare le opere che, al di là d'ogni legittima limitazione, costituiscono le loro prove più mature e più note, anche se non le più alte: *La ragazza di Bube* (1960) e *Il giardino dei Finzi-Contini* (1962). Se per la carriera di Moravia si potrebbe metaforicamente parlare di un tracciato tutto di pianura, monotono e senza sorprese, da lui percorso con mirabile costanza ma senza alcun *exploit* o scatto di fuga, per gli altri due mi pare indubbio che in prospettiva di tempo i due romanzi assumano la posizione di fortunato (e un po' fortunoso) gran premio della montagna cui non sono seguite altre vittorie di tappa. Anzi: Cassola, come si è detto, è come fosse tornato subito dopo al nastro di partenza; e Bassani ha addirittura riversato le sue belle *Storie ferraresi* nel farraginoso quanto ambizioso crogiolo di *Il romanzo di Ferrara* (1973).

come *Agostino* o racconti come *Delitto al circolo del tennis*, *Inverno di malato*, *Cortigiana stanca*; mentre è evidente che le strutture delle sue narrazioni più complesse e ambiziose cigolano pericolosamente e talora, specie quelle degli ultimi anni, mostrano vistosi squilibri di progettazione e fessurazioni abbastanza preoccupanti: penso soprattutto a *La vita interiore*, a *L'uomo che guarda*.

Il miglior Bassani è senza dubbio quello delle sei *Storie ferraresi*: *Il giardino dei Finzi-Contini*, fermi restandone il rigore stilistico e l'eleganza della rappresentazione, rivela infatti abbastanza chiaramente la sua reale misura di racconto dilatato dalla natura sostanzialmente lirica dell'ispirazione, la carenza di intreccio e tracce abbastanza appariscenti di "capitolo", di «romanzo di memoria in chiave di prosa d'arte», secondo la precoce diagnosi formulata nel 1953 da Pasolini, sulla quale dieci anni dopo Gian Carlo Ferretti ha impostato il suo documentato e convincente profilo di Bassani e l'originale analisi del celebre romanzo:

> il letterato sorvegliatissimo e raffinato prevale decisamente in molte pagine del romanzo, pagine splendide, quasi «dorate» nei loro cangianti riflessi, che rallentano tuttavia la tensione poetica ed umana della narrazione. È il caratteristico «sopramondo» bassaniano che torna con evidenza, spinto talora fino alla minuta descrizione erudita delle piante nel giardino e alla diffusa citazione letteraria (Ungaretti e Montale, la Dickinson e il Porta). [...] *Il giardino dei Finzi-Contini* è forse l'espressione più complessa del dissidio irrisolto (e proprio di una vasta zona della nostra letteratura contemporanea) tra le suggestioni della prosa d'arte, della letteratura di gusto, della prosa poetica consolatoria, dell'elegia, e le istanze nuove portate avanti da un'esperienza antifascista vissuta in una direzione moralistica e astrattamente intellettuale, e incapace quindi di

bruciare il passato nel fuoco di una matura coscienza storica.[58]

Non credo siano stati in molti nel 1958 a intuire, come Pasolini e come Rimanelli, la sostanziale fragilità – quella di raffinati *bisquits*, oserei dire – sottesa all'apparente robustezza dei due romanzi, giudicati paracapolavori da una schiacciante maggioranza di intellettuali e di pubblico, elogiati per originalità d'impostazione e di linguaggio, premiatissimi, *bestsellers* recensiti dalle firme critiche più note, subito tradotti «nelle principali lingue del mondo» – come registrato in banda di una sopraccopertina di Bassani – e quasi subito sesquipedalmente popolarizzati dalla loro trasposizione cinematografica (*La ragazza di Bube* con Claudia Cardinale è del 1963, *Il giardino dei Finzi Contini*, regista De Sica, del 1970)[59]. Cassola e Bassani diventano in breve così noti che persino l'etichetta di «Liale del '63» con la quale Sanguineti li bollò al convegno del Gruppo di Palermo – più che altro una fortunata e un po' ingenerosa *boutade* – suscitò reazioni sterilmente debordanti e francamente patetiche, improntate alla disarmante carenza di *sense of humour* di chi se ne indignò e a pesante caduta di gusto in chi acriticamente ne fece un vessillo da battaglia.

Bisognerà aspettare qualche anno, e soprattutto le tempeste ideologiche del '68, perché la grande popolarità di Cassola e Bassani cominci a ridimensionarsi. Iniziati i ripensamenti e promosse le revisioni critiche – queste ultime enormemente favorite dalla sostanziale

---

[58] G. C. FERRETTI, *Letteratura e ideologia. Bassani Cassola Pasolini*, Roma, Editori Riuniti, 1964, pp. 60- 61. Il testo pasoliniano si legge in «Paragone Letteratura», agosto 1953, pp. 85 ss.

[59] Dopo aver rifiutato di partecipare alla sceneggiatura, Bassani accusò il regista di aver tradito il testo e impose alla produzione di precisare che il film era «liberamente tratto» al romanzo.

"immobilità" creativa dei due scrittori, di Cassola in particolare – diviene meno "scandaloso" l'indicare limiti e peccati di narratori di così notevole popolarità. Anche chi se ne dichiara ammiratore non può del resto sottacere le ambiguità ideologiche, le debolezze strutturali e di dettato, i preziosismi eccessivi che tarano i pur importanti volumi di questi due autori, che restano pur sempre letterati di ottimo livello e narratori non certo trascurabili. Con il passare degli anni, per una serie di ragioni esterne e personali che non è agevole né forse lecito indagare, Bassani dopo *Gli occhiali d'oro* (1958) – che resta il suo capolavoro – e *Il giardino dei Finzi-Contini*, non ha più raccontato storie altrettanto limpide e ha finito per scegliere un discutibile tornare al già scritto operando una revisione/riscrittura/rifusione del romanzo e delle *Storie ferraresi* che ne ha inutilmente snaturato linee e suggestioni originarie.

Cassola, meno onorevolmente, è pian piano affondato nelle sabbie mobili di quella che chiamerei la "quarta fase" della sua produzione, quella, per dirla in tutta sincerità, che nel quadro di un onesto (e del resto già sensibilmente avvertibile) ridimensionamento dello scrittore è da obliterare pressoché in blocco: mi riferisco alle superfetazioni della sua poetica minimale tipo *L'antagonista* (1976: 532 pagine!), i vari romanzi sulla catastrofe cosmica prossima ventura o sul millenarismo (*Il superstite*, 1978; *La zampa d'oca*, 1981), i patetici interventi, narrativi e no, sul disarmo unilaterale (*Letteratura e disarmo*, 1978; *La morale del branco*, 1980; *La rivoluzione disarmista*, 1983), gli ancor più patetici e sconcertanti romanzi storici zeppi di anacronismi, banalmente correlati all'attualità (*L'amore tanto per fare*, 1981) o a cervellotiche riletture della vita politica romana ai tempi di Costantino (*Il ribelle*, 1980). Tutte opere, queste, per di più sfornate al ritmo serrato e continuo di due e anche tre all'anno, dunque poco meditate e peggio architettate, in cui dominante si è fatta soprattutto quella "meccanicità" di scrittura che già nel 1958 Rimanelli aveva acutamente evidenziato:

> Cassola scrive come un grafomane: meccanicamente. Noi invece esigiamo parecchio: ovvero esigiamo per lo meno una giustificazione allo scrivere. Cassola, mi sia ancora consentito un paragone, dà l'impressione di quei scolari diligenti, puntuali, che scrivono il compitino senza macchiare mai il quaderno, che imparano la lezione dopo ore e ore di buona volontà e poi la ripetono, che tuttavia non potranno mai prendere dieci con lode ma nemmeno cinque, e che in definitiva corrono il grave rischio di restare anonimi, anche nella vita.[60]

---

[60] Cito dal testo pubblicato su «La Specchio» che, più articolato, definisce meglio i termini della "meccanicità" cassoliana. Nel volume (cfr. p. 127) il brano ha infatti subito una notevole, e in qualche modo opportuna, riduzione: «Pare che Cassola scriva meccanicamente, vittima di un ingegno meccanico. Meccanicamente e con cura, come certi scolari diligenti, puntuali, che hanno il terrore di macchiare il quaderno». Mi sembra poi significativa per più di un rispetto la coincidenza del riferimento alla "meccanicità" della scrittura e dell'ispirazione cassoliana qui in Rimanelli e in un intervento di W. PEDULLÀ, *Cassola replica Cassola*, apparso nel 1958 sull'«Avanti!» (poi ristampato in *La letteratura del benessere*, Napoli, Libreria Scientifica Editrice, 1968, pp. 213-216): intervento che costituisce fra l'altro una sorta di coerentissimo complemento al profilo dello scrittore delineato dieci anni prima da Rimanelli: «Tranne la parziale riuscita del *Cacciatore*, dal *Cuore arido* in poi, cioè in questo ormai lungo scorcio del "terzo tempo" (che è in effetti una sterile dilatazione del primo, assai più originale ed emozionante) della sua trentennale opera di narratore, egli replica con così perseverante uniformità le sue situazioni e percezioni, i suoi paesaggi e personaggi, la sua periferia e ideologia, il suo linguaggio e la sua lingua, che si fa veramente fatica a distinguere un volume dall'altro. Coerenza o meccanismo? Forse si tratta di una coerenza che ha ridotto a tal punto lo spazio della manovra e i moventi da inserirsi sui binari di un autoritario circuito. La conclusione del discorso critico [...] è quindi che se un romanzo di Cassola dura ormai per venti pagine o per ventimila, il risultato non cambia. Chissà se allo scrittore grossetano per elezione, viene mai la tentazione di interrompere e mettere da parte uno di questi suoi racconti "in pianura": al lettore certamente sì».

Moravia. Il fulminante ritratto che apre il discorso sullo scrittore romano («un isterico consapevole, metallico, autoritario») è un profilo che solo oggi possiamo apprezzare in tutta la sua icastica esattezza, tanto più perché formulato nel momento di massima fama dello scrittore; che è dunque collocato, assieme a Landolfi e Pasolini, nella categoria degli «isterici», appunto, di coloro cioè che, secondo Virginia Woolf, «sembrano lì lì per significare qualcosa e poi si fermano», esprimendo, come precisa Rimanelli, «una sorta di sensibilità isterica che ha ogni apparenza della forza creativa» e non lo è, in quanto «il vero creatore possiede un'energia individuale che è tutt'altra cosa. [...] V'è una sorta d'arte riflessa, giunta a tale (apparente) forza espressiva perché filtrata attraverso lambicchi artificiali, mentre v'è l'arte vera, grande o piccola che sia, che scaturisce da un lambicco naturale che è la personalità».[61]

Che non si tratti di preconcetta, acritica posizione denigratoria dettata, come ad altri è accaduto, da frustrazione, invidia, antipatia o altro sentimento del tutto anomalo e deturpante in chi voglia esecitare correttamente l'esegesi, è dimostrato sia dalle note di sincero apprezzamento per *Gli indifferenti* («un bel romanzo. Sobrio e pieno di gusto») e per buona parte dei romanzi brevi e dei racconti («*Agostino* è un romanzo breve dei più importanti del nostro dopoguerra letterario, nonostante la sua scrittura fulminata sul nascere, che dà l'impressione d'una stanca morbidezza; e così dicasi della *Disubbidienza*, di *Inverno di malato*, *Delitto al circolo del tennis* e *Cortigiana stanca*. Brevi lavori che hanno sangue e potenza, che dànno luce a uno scrittore»),[62] sia soprattutto dalla nitidezza con la quale Ri-

---

[61] *Il mestiere del furbo*, cit., p. 163. Ricordo che il brano dell'*Alice Toklas* è riportato da Rimanelli come esergo nel retrofrontespizio del libro.
[62] *Il mestiere del furbo*, cit., pp. 176-178.

manelli giustifica e approfondisce le definizioni che dà e che a prima vista potrebbero apparire etichette solo un po' stravaganti.

«Un isterico consapevole». A differenza del da lui più volte citato D.H. Lawrence – per il quale la pornografia è il risultato di un "tradimento" perpetrato dalla mente ai danni del purissimo, innocente istinto naturale -, nelle descrizioni più *osées* Moravia,

> che non crede nella carne e nel sangue, ma soltanto nell'intelletto, ottiene invece il risultato denunciato da D.H. Lawrence.[...] Ma è ovvio, non sono le frasi recuperate con la pinzetta quelle che più impressionano: impressiona il tema in sé della narrazione, tutto cerebrale ed enunciativo, che intende procurare eccitazione e conseguire un effetto di scandalo. [...] Egli è un artigiano paziente, non crede all'ispirazione e nemmeno al sentimento. [...] Egli è un artigiano che, con molta avvedutezza, ha saputo scoprire il suo "taglio", scoprendo allo stesso tempo che il suo "taglio" è proprio quello che il pubblico preferisce e che sopra vi spende denari. [...] La prosa di Moravia è grigia e automatica, senza scatti, senza verginità: leggendo Moravia sembra a volte di leggere un romanzo tradotto male.[63]

Rimanelli chiarisce anche cosa intenda per «metallico», la cui forte pregnanza metaforica qualifica trame, personaggi e toni della narrativa moraviana assai più incisivamente dei vari 'distaccato', 'freddo', 'schematico', usati tanto in accezione positiva che negativa da altri critici. Gli stessi titoli moraviani – sempre così nudi e perentori – si pongono del resto come enunciazioni d'un teorema, tanto più che si tratta spesso di sostantivi astratti o tipologici, non a caso costantemente preceduti dall'articolo determinativo: *La disubbidienza, La noia, L'attenzione, Il disprezzo, Gli indifferenti, Il conformista*. Il che giustifica anche l'altro quali-

---

[63] *Il mestiere del furbo*, cit., pp. 175-177.

ficativo, «autoritario», che Rimanelli ha certo primariamente riferito al particolare andamento del raccontare moraviano, quasi sempre asetticamente enunciativo ai limiti del parenetico, impartecipe e privo di qualunque concessione simpatetica (che è poi il pregio delle sue opere riuscite); ma che include, a ben riflettere, anche una connotazione che a distanza di tanti anni possiamo leggere e apprezzare come un'altra delle intuizioni di Rimanelli: che sembra far riferimento alla figura, complementare ma non troppo, del Moravia ascoltatissimo e lettissimo "tuttologo", che ha dominato in pratica la cultura italiana per decenni con la sua indubbia grande intelligenza, ma anche con l'inevitabile, pur se spesso geniale, approssimazione dei dilettanti; godendo di un'autorevolezza, appunto, che gli ha consentito non solo legittimi guadagni, influenza e notorietà un po' superiori agli effettivi meriti, ma soprattutto qualche atto di potere abbastanza scorretto, del tipo di quelli che nel *Mestiere* Rimanelli rimproverava ai Falqui e ai Bocelli;[64] per non dire delle sempre più frequenti reazioni sopra le righe contro le critiche ne-

---

[64] Direi che tutti gli aneddoti su Bocelli e Falqui riferiti da Rimanelli superano il pettegolezzo per collocarsi nella dimensione della critica del costume: tali mi sembrano infatti le ipervalutazioni di Gianna Manzini, compagna di Falqui nella vita, e di Pia D'Alessandria; e francamente le due molto più squallide vicende raccontate nell'articolo *Il femore di Bocelli* («Lo Specchio», a. II n. 4, 25 gennaio 1959); la prima delle quali, soppressa nel volume, riferiva del tentativo di doppio risarcimento richiesto da Bocelli infortunatosi durante i lavori dell'unica edizione del premio letterario Fraccacreta in Puglia: già risarcito per generosità dagli organizzatori del premio, esigeva una somma anche dalla assicurazione della SIAE (che naturalmente non ebbe). L'altro episodio, più emblematico, fa riferimento a un'amichevole coercizione esercitata da Bocelli, presidente della giuria di un premio con in palio una 1100 Fiat, perché vincesse la D'Alessandria con il confuso e mediocre *Tiro al bersaglio*; lo scandalo che seguì il verdetto indusse la coartata (e dopotutto colpevole) giuria a sanare il subbuglio, dividendo salomonicamente la 1100 in due 600, la prima per la D'Alessandria, la seconda per Carlo Levi.

gative mosse non soltanto alla produzione narrativa personale o a quella di componenti del suo *entourage* (per esempio, la querela contro Giuseppe Berto per un epiteto alla Maraini), ma soprattutto a qualche suo troppo disinvolto intervento in campi di pertinenza altrui: e un chiaro esempio può esserne l'accesa polemica con Giorgio Bocca a fine 1972.[65]

L'articolo dello «Specchio» prendeva del resto spunto occasionale proprio da un momento *clou* dell' "autorevolezza" di Moravia: la sua elezione a presidente del Pen Club, l'organizzazione internazionale degli scrittori; una nomina che aveva suscitato qualche perplessità anche nel cerchio degli estimatori, e che venne criticata soprattutto in quanto Moravia non godeva in ambito internazionale della fama letteraria e del prestigio culturale esigibili in chi avrebbe dovuto riassumere «nella sua persona e nel suo ingegno il meglio dell'internazionale delle lettere, il non plus ultra della saggezza,

---

[65] Un ben articolato riassunto della discussione sulla distinzione fra artista e intellettuale intervenuta fra Bocca e Moravia sulle pagine rispettivamente del «Giorno» e del «Corriere della Sera» dal 18 ottobre all'8 novembre 1972, si può leggere alle pp. 11 e 23-26 di *Il nuovo Moravia desnudo* di S. SAVIANE (Milano, Grandi Edizioni Italiane, 1986); ne riporto gli stralci che meglio concordano con quanto enunciato a testo: «L'ideologia moraviana sull'artista distinto dall'intellettuale nei delitti e nelle pene ma autorizzato a compiere, impunemente, scorribande e sortite nella politica è un abito fatto su misura sua e dei suoi amici romani che per 25 anni hanno fatto, scritto, detto tutto ciò che gli pareva e piaceva, senza rinunciare ad un'occasione e senza mai pagare il minimo dazio fino al giorno della contestazione studentesca. Bravi e beati loro che ci sono riusciti, ma elevarlo a sistema filosofico mi pare troppo. Un giorno Moravia mi spiegherà, spero, come facciamo noi, umili cronisti, a distinguere l'artista-artista dall'artista-intellettuale, dall'intellettuale semplice. Dal colore della cravatta? Dal pennacchio sul cappello? Oppure, come usa con i comuni mortali, da ciò che fanno e dicono giorno per giorno? [...] Lei è un buono scrittore e un ottimo critico e perciò, "oggettivamente", una personalità utile a una società democratica. Ma la rivoluzione giovanile del costume deve insegnare a lei, come a me, come a tanti altri intellettuali democratici, a smetterla con l'ansia presenzialista e a fare delle scelte, né eroiche né trascendentali, ma di buon senso politico».

della virtù e, forse, dell'arte stupenda dello scrivere». Dunque una nomina, ironizza ma non troppo Rimanelli, che «ci allarma, e per due ragioni: o i membri del Pen Club non conoscono l'opera di Moravia, o la istituzione è in piena decadenza. Il dato di fatto più probabile è forse quest'ultimo».[66]

La grande fortuna di Moravia poggia, è indubbio, sulle sue notevoli doti di scrittore; ma è anche vero – e ne possiamo misurare oggi tutto il reale peso – che al consolidamento e all'amplificazione della sua notorietà hanno collaborato un complesso di circostanze favorevoli, storiche e di costume; come ad esempio la messa all'indice nel 1952 dei suoi romanzi, che suscitò in tutta Europa enorme scalpore; e soprattutto l'accanito, instancabile, quasi ossessivo suo presenzialismo di voce "autorevole" in Italia e all'estero, nei giornali e in televisione, che è durato in pratica fino alla sua scomparsa.

A differenza di molti narratori casalinghi, che si limitano a pubblicare ogni due o tre anni il loro romanzetto col tocco

---

[66] Ibid., p. 174. L'articolo *L'artigiano dello scandalo* («Lo Specchio», a. II n. 17, 26 aprile 1959) procedeva su tono e giudizio molto più aspri: «Nell'arte del nostro tempo Moravia non ha un posto degno, non può averlo. E spesso i suoi imitatori (vedi La Capria) sono migliori di lui. Egli non ha svolto nessuna lezione intellettuale, e non è stato di aiuto a nessuno. Pavese era molto superiore a lui. Anche come saggista Moravia dovrà cedere il passo ad altri. Anche come giornalista Moravia dovrà inchinarsi a Levi, a Tommaso Fiore, persino a Giuseppe Bertolucci, scrittori che in Russia sono stati come Moravia, ma ne hanno riportato illuminazioni maggiori. E dunque su cosa riposa la celebrità di Moravia? Sulla condanna del Sant'Uffizio, sulle sue interviste all'estero, sui suoi romanzi di terza categoria? I racconti di Moravia (non quelli romani), che sono i racconti di un bravo scrittore e non di più (e in Italia abbiamo molti bravi scrittori), al grande pubblico non sono tanto celebri quanto i suoi romanzi di terza categoria. Sfortunatamente si dovrà concludere, dunque, che alla presidenza del Pen Club l'hanno portato la condanna del Sant'Uffizio e i suoi romanzi di terza categoria, e non *Inverno di malato*, *L'ufficiale inglese* ed altre brevi ma accettabili composizioni».

erotico, Moravia deve presenziare i dibattiti, fare comizi sulla crisi del romanzo, intervenire sul Vietnam, sul terremoto del Friuli, sulla pornografia galoppante, deve inaugurare le mostre d'arte, rispondere alle domande dei radiotelecronisti o a quelle dei giornalisti per il paginone da rotocalco con la foto da divo e a quelle delle signore che affollano le librerie e le *boutiques* della cultura nei lunghi pomeriggi romani.[...] Moravia non è più uno scrittore, ma uno scienziato cui si ricorre, a volte urgentemente, come a un grande luminare della medicina, per tutti i consulti gravi o meno gravi. [...] Non è una vita facile. Muore Picasso? Sentiamo cosa dice Moravia. Muore Hemingway? Sentiamo il parere di Moravia. Muore Pompidou? Chissà cosa ne pensa Moravia. Viene assassinato Allende? Facciamo il punto della tragedia cilena con Moravia. I guerriglieri di Settembre nero bombardano Fiumicino? Consultiamo Moravia, che una volta è andato in Libia e se ne intende. Fanfani fa una mostra di pittura? Invitiamo Moravia a dire la sua opinione sulla presentazione che Renato Guttuso ha scritto per il *dépliant* del pittore aretino.[67]

Sono parole di un altro, assai più caustico e aggressivo fustigatore di anomalie e storture dell'*establishment* letterario, che come Rimanelli pagò con ostracismo editoriale, veleni e citazioni giudiziarie la "colpa" di aver cercato di risvegliare (inutilmente) un minimo di consapevole e sana resipiscenza nel mondo delle lettere e dei letterati, bersagliando, esattamente come Rimanelli, singoli esponenti di quel mondo per colpire in realtà tutto il "sistema". Dichiara Sergio Saviane:

> Il mio è soltanto un volumetto critico, molto satirico ed anche un po` paradossale se vogliamo [...], ma non è un libello contro Moravia. È però un libro che si occupa anche dei critici italiani, accusati di dormire da trent'anni accan-

---

[67] S. SAVIANE, *Il nuovo Moravia desnudo*, cit., pp. 21-22. La prima edizione del libro (*Moravia desnudo*) fu pubblicata nel 1976 dalla SugarCo: guarda caso, la stessa casa editrice che diciassette anni prima aveva altrettanto coraggiosamente pubblicato *Il mestiere del furbo*.

to a Moravia e di non esercitare nessuna funzione di stimolo e di giudizio franco e obiettivo su tutta la produzione narrativa. È evidente che, insieme a Moravia e ai critici, vengono presi dentro tutti gli scrittori, colpevoli anch'essi di vivere in adorazione delle loro virgole e delle loro recensioni, divenute il passaporto sicuro per uno scambio sistematico e avvilente, a volte volgare, di favori, di premi, targhe d'oro o d'argento, prebende, villeggiature e gite con buste-paga alle varie fonti delle acque diuretiche sparse in tutto il paese.[68]

A quanto sembra, però, i diciassette anni che separano *Il mestiere del furbo* da *Moravia desnudo* sono trascorsi invano per l'inveterato esercizio dell'ossequio alla fama acquisita, usurpata o meno che sia. Il "sistema" – sia piccola cricca, club dei simpatizzanti e dei cortigiani o gruppo più o meno forte di potere – punisce chi ha l'ardire di attaccarlo denunciando comportamenti e metodi, ormai invalsi ma non per questo meno illegittimi, che inquinano il mondo delle lettere, distorcendo pesantemente valori e uomini, ideologie e comportamenti.

In effetti, sia Rimanelli che Saviane si servono dei singoli bersagli per evidenziare il nucleo malato del sistema, non per distruggerlo. Naturalmente Rimanelli ha un bagaglio culturale che gli permette di analizzare con maggiore accuratezza ed equità la produzione narrativa di Moravia, tracciando un ritratto dello scrittore che risulta caustico quanto basta senza intaccarne più del giusto i meriti e le innegabili qualità. L'equilibrio esegetico di Rimanelli, che vorrei definire esemplare, emerge nitidamente dalla conclusione della sezione dedicata nel libro allo scrittore romano:[69]

---

[68] S. Saviane, op. cit., pp. 153-54.

[69] Conclusione che manca nell'articolo dello «Specchio», cui infatti Rimanelli aggiunse due fitte pagine (*Il mestiere*, pp. 178-180) di nuove e meditate considerazioni, dalle quali traggo i brani qui sotto riportati.

Ora il nostro giudizio sull'opera complessiva di Alberto Moravia, e proprio perché non intende fare concessioni di sorta, è necessariamente duro. Ma questo anche perché si sta parlando di uno scrittore alla fine del suo ciclo storico-narrativo dal quale (pur lasciando sempre una porta aperta alla speranza) non c'è più da attendersi svolte imprevedibili e sensazionali rivelazioni. Questo perché non sappiamo fino a qual punto la stessa celebrità moraviana abbia giovato alla nostra giovane narrativa e al quadro generale che di questa è stato rappresentato all'estero. Tuttavia, sia pure in sede polemica, va riconosciuta a Moravia una popolarizzazione del nostro romanzo, e della nostra cultura, che senza la sua presenza avremmo stentatamente avuto: e ciò è importante poiché da essa, anche all'estero, potrà farsi luce un'indagine critica più tesa ad abbracciare la totalità di un panorama per ricavarne un giudizio che non sfugga ai compromessi della parzialità.

Non cadiamo quindi in contraddizione affermando che, pur esistendo scrittori italiani migliori e forse più duraturi del Moravia, egli ha avuto un merito grandissimo: quello, appunto, di portarci all'estero e farci considerare con attenzione, pagando – spesso – anche per colpe che magari non gli appartengono. Su di un piano di stretta valutazione critica non significherebbero nulla le vendite in Italia, della *Romana* e degli *Indifferenti*, di oltre centomila copie; le traduzioni in più di venti lingue, comprese quelle in indiano, in ebraico, in giapponese, e i tre milioni di copie vendute delle sue opere negli Stati Uniti. Eppure, nel quadro complessivo della reputazione del romanzo italiano, esse significano, e quindi l'opera di Moravia, brutta o parzialmente bella che sia, si eleva. Ed egli stesso, Moravia – che non merita il premio Nobel ma che forse bisognerà pur dargli perché non c'è stato da noi più duro lavoratore e popolarizzatore di lui – va sostenuto se non altro per la sua capacità di credere ancora nella funzione moderna del romanzo. [...]

È dunque su di un piano di assoluto criticismo che noi siamo contro Moravia, perché da lui avremmo desiderato altro, meno mestiere e più verità, e perché infine Moravia, dal dopoguerra in poi, se da una parte ha rappresentato la parte intelligente della nostra cultura e del nostro antifascismo, elevandosi sui mediocri e sui farraginosi, dall'altra è come se ci avesse un po' traditi perché è più spregiudicato e sostanzialmente «minore» di quanto avevamo immaginato e desiderato che fosse.[70]

Né Rimanelli si mostra meno imparziale quando parrebbe che meno dovrebbe essere, vale a dire nei profili di Ugo Moretti e Marcello Barlocco, due amici e sodali dei difficili inizi di provinciale inurbato cui dedica ben ventotto pagine.[71]

Inclusi nel primo paragrafo, *Gli arrabbiati*, del IV capitolo, che s'intitola *Lo svisamento delle prospettive*, Barlocco e Moretti costituiscono anzitutto i tramiti per recuperare una Roma che, a meno di dieci anni di distanza, non era già più quella del quinquennio 1948-1953, «di quel tempo che era, in tutti i sensi, tempo di ricerca»:

> Se basta Saint Germain des Prés per indicare qual è l'ambiente degli artisti e dei morti di fame parigini, ancor oggi basta nominare via del Babuino per indicare, a Roma, la stessa cosa. E questa cosa è nota ormai in America e in Australia, in Giappone e nel Labrador. Negli anni ai quali il Moretti si richiama, quella strada, e quell'ambiente, covavano il fuoco sotto la cenere, e diversi morti di

---

[70] *Il mestiere del furbo*, cit., pp. 179-180. In una lettera inviata al suo primo editore, Arnoldo Mondadori, al momento di lasciarlo «perché la sua casa editrice era diventata un covo di vecchi e nuovi presuntuosi», Rimanelli ribadiva il rispetto per Moravia, «che per avere un'influenza sul pubblico non si trincera dietro un tavolo di casa editrice, ed anche lui paga di persona. Ha scritto libri brutti e libri belli. Ma l'importante è che li abbia scritti, affrontando il pubblico e lottando, con una produzione propria, ben lontano dall'interferire in quella degli altri. Non ha cercato stipendi da nessuno, se non in cambio delle proprie cartelle, e scontando con la viva produzione i difetti che la corrompono e i pregi che ce la fanno accettare». La lettera è riportata quasi per intero in *Mestiere Specchio* (cfr. *Appendice*, pp. 103-105).

[71] Le pagine del libro sono la fusione rielaborata di due interventi apparsi su «Lo Specchio»: *La vecchia gente del Babuino* (I, n. 5, 13 aprile 1958) e *Neorealista in ritardo* (I, n. 23, 17 agosto 1958).

fame di allora, spinti al Babuino dopo la polvere della guerra, si ritrovano oggi posizioni sicure o addirittura nomi sonori nell'arte, nel giornalismo, nelle lettere, nel cinema. Erano, questi personaggi, «gente ai margini, piena di fantasia, senza nome e cognome ma allegra, generosa, carica di piacevoli difetti e di improvvise virtù».[72]

Moretti e Barlocco rappresentano per Rimanelli, però, soprattutto due esemplari esponenti «di quell'arte che condensava una rabbia di vivere», aderendo deliberatamente alla realtà vissuta per "farla propria" e rappresentarne poi il più fedelmente possibile l'essenzialità fenomenologica filtrata dalla personalità,

stringendo la cronaca o il discorsivo a quel pugno di *humus* essenziale che determina la realtà, evitando le lunghe descrizioni, i dialoghi interminabili. Insomma questo tipo di realismo non è la registrazione esatta di quello che si dice e che si fa, ne è soltanto la sostanza.[73]

Amicizia fraterna, lunga e umiliante esperienza *bohémienne* goduta e sofferta insieme, alta stima per le loro evidenti doti artistiche non riescono a corrompere l'obbiettività di Rimanelli: che formula un sostanziale, reciso giudizio negativo sui due scrittori, rei di aver dilapidato non comuni doti d'arte e d'ingegno in un disordine esistenziale che, se da un lato forniva loro materiali preziosi per un modo nuovo di raccontare la vita, dall'altro li distruggeva: Barlocco, per anni tossicodipendente, morì nell'ospedale psichiatrico di Reggio Emilia; Moretti, per sopravvivere, fu costretto a confezionar romanzetti e romanzacci pubblicandoli sotto

---

[72] *Il mestiere del furbo*, cit., p. 183. Il brano tra caporali è tratto da U. MORETTI, *Gente al Babuino*, Firenze, Vallecchi, 1957, p. 11.

[73] U. MORETTI, cit. in *Il mestiere del furbo*, p. 185.

pseudonimo.[74] E qui Rimanelli mi pare voglia sottintendere che le cose sarebbero forse andate diversamente se la critica, che pure aveva accolto con discreto interesse *I racconti del Babuino* di Barlocco, segnalandolo al Viareggio 1950, e avevano premiato nel 1949 col "Viareggio opera prima" *Vento caldo* di Moretti, non avesse poi abbandonato – molti addirittura snobbato – questi due *outsiders*.
I racconti di Barlocco,

> scritti con la complicità di buone dosi di morfina, erano strani, angoscianti e allucinati, e quasi mai crudeli. Icilio Petroni e altri critici scrissero che potevano essere paragonati a certe novelle di Edgar Allan Poe, o addirittura agli scritti di Kafka. Giudizi facili; e tuttavia pochi scrittori nostri hanno mai saputo, come il Barlocco, riuscire straordinariamente personali e sinceri.[75]

---

[74] Cfr. *Il mestiere del furbo*, cit., p. 207 n. 4. A quelli segnalati da Rimanelli posso qui aggiungere un *Emmanuelle trois* scritto – peraltro con estro infinitamente maggiore e inventiva assai più fantasmagorica – sulla scia del successo, scandaloso in tutti i sensi, dei primi due volumi della nota saga erotica d'oltralpe. La prova della paternità morettiana sta nel gioco acrostico dei primi dieci capoversi del primo capitolo.

[75] *Il mestiere del furbo*, cit., p. 189. Nelle quattro pagine precedenti Rimanelli racconta le vicissitudini di Barlocco, e rievoca in particolare la storia del manoscritto d'un corposo romanzo, *Il genovese*, «scritto in circa trecento fogli di calligrafia minuta, agile, nervosa, piena di correzioni», che, terminato «in una fredda sera del 1948» Barlocco, addormentatosi ubriaco di vino e di sonno, dimenticò in un gabinetto pubblico nella fretta di sfuggire all'inserviente e alla guardia che, preoccupati perché non ne usciva, ne avevano sfondato la porta. Nel romanzo aveva voluto «raccontare non la propria vita, alla quale annetteva scarsa importanza, ma quella degli uomini che aveva conosciuto. La vita della gente dei porti, degli evasi, delle prostitute, dei trafficanti di droga, dei marinai assassini: ecco i suoi soggetti. I loro sogni, i loro rimorsi, la loro vitalità, il loro castigo: ecco gli scopi. [...] Nel 1958, di nuovo preso in mezzo a un traffico di stupefacenti, Barlocco venne arrestato a Milano e associato alle carceri di San Vittore. Aveva al suo attivo migliaia di pagine scritte ed era intossicato da ventitre anni. Lo trattarono come un robusto scassinatore e, mentre i giovani nobili romani uscivano alla chetichella da Regina Coeli, dove erano stati trattati con tutti i riguardi, Barlocco – povero, solo, un

Vento caldo è un romanzo

> che, a rileggerlo oggi, pare scritto nella febbre, con l'unica preoccupazione di raccontare i fatti della vita quotidiana – i grandi fatti anonimi – e con la spontaneità e l'irruenza del parlato. Lo stile era stato ucciso, d'accordo: ma, in compenso, offriva personaggi veri, con occhi e vene e passione, personaggi senza complessi, senza solitudine apparente, gente che sembrava si fosse incontrata sui seggiolini della stessa giostra, per un'ubriacatura di cielo e di vita, violenta, che cancellasse con un sol colpo di spugna il passato cieco e caldo della guerra recente. Uomini provvisori, estroversi, immediati, lazzaroni anche ma senza una coscienza precisa del male. A volte più angeli che demoni, persi sugli asfalti lucidi, nella città della guerra e del dopoguerra, che simboleggiava un inferno inesausto.[76]

Irregolari, dunque, Moretti e Barlocco, ma originali e nuovi; e soprattutto, pur con tutti i loro errori, assai più veri

> di quei distinti scrittori immobili e prudenti, di quei sordi virtuosi, di quei contorti dialettici dai quali, strizza strizza, non tiri fuori una goccia di quella linfa che rende l'arte una parte della vita, che la fa simile al respiro umano, al misterioso e possente ritmo del tempo, che è "oggi" soltanto, come preconizza la Stein, perché può essere "domani" e non guarda indietro. L'ieri, si sa, è per quelli che non hanno il coraggio del proprio avvenire, che non si gettano avanti, che aspettano, col fiato corto, che la notte intervenga sulla loro acida giornata, sul loro pallido sole.[77]

---

cencio d'uomo – non ebbe neppure il permesso di scrivere, e impazzì». Nelle pp. 190-194, come «saggio della sua scrittura e della sua ispirazione» Rimanelli trascrive *La vendetta*, uno dei racconti compresi nel volume assolutamente introvabile *I racconti del Babuino*: narrazione in effetti insolita, originale, sconcertante.

[76] *Il mestiere del furbo*, cit., p. 197.
[77] Ibid., pp. 204-205.

Barlocco è in pratica suicida per disordine, droga, follia; quello di Moretti appare invece come una sorta di lungo suicidio artistico. Il successo – anche di critica – di *Gente al Babuino*, libro che, «per la sua tessitura, suscita spontaneamente alle labbra nomi come O. Henry e Damon Runyon» è per Rimanelli un primo segno, quasi impercettibile ma allarmante, di cedimento; un cedimento confermato dal successivo *Fortuna di notte* (1958) che, pur dotato com'è di belle pagine, non è più inseribile «in un ciclo storico esatto, vitale per la nostra narrativa», in quanto «a tanta distanza di tempo ripropone modi che non sono più autentici né più allarmanti»:

> Moretti forse non si è accorto che ripetere, anzi insistere sull'esperienza neorealistica nata dalla guerra e dal bisogno individuale di liberazione da miti è oggi colpa, più che errore. Il linguaggio non è fine a se stesso e non ha valore occasionale, esoterico o d'ambiente, ma deve illuminare il personaggio non più in funzione della sua vita privata, ma in funzione della poesia, dell'arte che è il supremo traguardo cui tendere. Anche il "soggetto" dovrebbe essere formulato in funzione d'arte e non in quanto rivelazione pletorica di un ambiente. Conosciamo la psicologia, l'intimismo, la cronaca e un mucchio d'altre cose: perché non si portano avanti queste esperienze anziché rimestarle fino alla nausea?[78]

Criticando l'amico, Rimanelli si offre dunque un'ulteriore occasione per meglio definire i termini di una poetica che, senza assolutamente rinnegare le forti, vitali pulsioni che hanno generato gli episodi più intensi del neorealismo, le superi consapevolmente per proporsi come strumento privilegiato d'indagine e di rappresentazione sinergica di storia vita società, raccontando vicende esemplari di individui che di quella vita e di quel-

---

[78] Ibid., pp. 207-208.

le società siano parte più o meno consapevole ma effettiva, tessera ciascuno di quel polifonico e poliforme mosaico che è il mondo reale. Scrive infatti, meditando su alcune frasi di Pavese:

> l'arte cos'è se non obiettività, umanità? Umanità anche nella dannazione, nel demoniaco. Umanità per verità. L'arte è la rappresentazione di un *epos* – e non valgono i «modi» letterari, di scrittura, con cui si estrinseca – che ha radici nell'uomo, raramente nelle ideologie. Sempre i contrasti umani – mai quelli puramente ideologici – scavano la pagina e la terranno viva nel tempo. [...] In fondo, un solo aspetto della realtà o della società, una sola tematica, non possono, non riescono a giovare. I più grandi narratori della storia umana – da Omero in poi, fino a Stephen Crane, a Dreiser, a Balzac, a Hugo, Manzoni, Verga – si sono preoccupati di conoscere tutti gli aspetti della società e della realtà senza idee preconcette, di capire prima di giudicare, e abbracciare questo mondo vario e così sapiente con verità.[79]

Rimanelli difende il romanzo contro «la falsa perizia della bella paginetta e del *racconto insuperabile*», la descrizione forse sgradevole ma vera contro la perfetta aseticità del bel prodotto di laboratorio. Vuol smascherare «la dittatura della mediocrità» imposta da coloro che, «incapaci di fare un romanzo, si organizzano in congregazioni» di «artigiani della cultura, ottimi operai nel lavoro d'intarsio a una sedia, a un piede di tavolo», non però in grado «di costruire un mobile tutt'intero».[80]

Negli anni in cui venne lanciato, il grido di allarme di Rimanelli poteva anche apparire eccessivo: la letteratura – e in particolare la narrativa – attraversava un momento decisamente positivo di fertilità e di successi, sicché a molti poteva anche riuscir difficile scorgere i

---

[79] *Il mestiere del furbo*, cit., pp. 64-65.
[80] Sono citazioni tratte dal testo pubblicato nel settimanale.

segni in atto di quel pericoloso calligrafismo da bacheca, di quel culto narcisistico della bella pagina che aveva caratterizzato la produzione letteraria d'anteguerra e di cui lo scrittore molisano denunciava il ritorno e la rinnovata prepotenza. Oggi, invece, quel suo onesto e accorato *achtung* suona come una premonizione di ciò che sarebbe accaduto negli anni seguenti: e cioè il graduale ma accanito (e vittorioso) contrattacco della vecchia guardia letteraria, che riesce in breve a convincere la critica – anche quella «più riservata e austera», che pure aveva accolto i nuovi scrittori «con interesse e consenso» – a ignorare, a screditare lo slancio della giovane letteratura; e questo «non in nome di una nuova estetica, non in nome di una produzione eccelsa, valida con una cifra europea, ma spesso con l'argomento contrario, in nome di un fallimento letterario».[81] E si trattò fra l'altro di un contrattacco – questo l'aspetto più negativo (e triste) della vicenda – che convinse molti di quei giovani scrittori a integrarsi, a omologare stile e ispirazione ai canoni del sistema, per realizzare anzitutto consenso e successo. Certo, le tare del neomanierismo, dell' autocompiacimento estetizzante, del fiato corto dovevano essere già presenti nel DNA di molti; ma è certo che *magna pars destruens* di non poche vocazioni di rottura sono state, oltre alle aspirazioni borghesi prepotentemente riemerse con il boom economico, la dittatura dei cosiddetti ordini costituiti e la recuperata egemonia culturale di esponenti della generazione precedente, che non era stata generosa «né con sé né con gli altri», che era stata «fascista perché c'era il fascismo, antifascista all'ultimo momen-

---

[81] Ho parafrasato qui un brano della già citata lettera di Rimanelli a Mondadori, alcuni brani della quale sono stati riportati da Rimanelli nell'ultima parte dell'articolo in cui svela la propria identità, riprodotto qui in *Appendice*, pp. 97-107.

to, comunista fino alla morte di Stalin», che aveva «ignorato Svevo e Tozzi, Proust e J.Joyce, Faulkner, Hemingway, Thomas Mann, la Stein», e che ora scontava evidentemente «il vuoto dentro».[82]

Il mestiere del furbo si propone, ovviamente, come *excursus* di storia letteraria in cui originalità e indipendenza di giudizio offrono più di uno spunto degno di sviluppo; e come tale andrebbe attentamente riletto, per essere adeguatamente analizzato, notomizzato, dove occorra contestato. Ma esso costituisce nel contempo – e innanzitutto, direi – l'insostituibile testimonianza di un particolare momento della nostra cultura: di un periodo di transizione in cui esperienze drammatiche, ansia di novità, nuove speranze, orizzonti culturali prima negati o ignoti convennero ad alimentare la fiducia in un *brave new world* nel quale finalmente "buongiorno" volesse dire veramente buongiorno: dove cioè l'arte non rinnegasse la vita reale, dove si valutassero uomini e opere secondo i meriti effettivi, dove l'originalità non fosse colpa o ragione di scherno, dove non si coartassero libertà di espressione e di giudizio, dove non si dovesse pagare un esorbitante prezzo esistenziale per aver denunciato fenomeni di malcostume.

Utopia, pura utopia, lo so, cui oggi, credo, lo stesso Rimanelli guarda con indulgente tristezza. Ma noi, che per tanti anni siamo stati privati di questa voce forte di speranza e di rabbia, e che abbiamo colpevolmente perseverato in una sostanziale accettazione passiva di un sistema viziato e prevaricante, potremmo offrire all'autore quello che appare come il più appagante dei risarcimenti: recuperare e far nostra quell'utopia e, con la consapevolezza degli anni trascorsi, trovare la forza di reagire e di cambiare rotta.

---

[82] Cito ancora dal cit. articolo.

Riproporre oggi la voce di Rimanelli non mi sembra insomma uno dei tanti *repêchages* di modernariato critico condito di tardiva resipiscenza: *Il mestiere del furbo* non è soltanto il documento di un'angolazione critica e la testimonianza di un disagio professionale ed esistenziale collocati in un preciso momento storico: il filone portante del libro – il rifiuto di un'arte calligrafica esterna alla vita e alle cose, delle grettezze di disegno narrativo, degli sperimentalismi velleitari – trova una sorprendente ragione d'attualità solo che si rifletta all'analogia delle due situazioni, quella di allora e l'attuale.[83]

Mi sembra infatti innegabile che l'arte letteraria – e non soltanto quella di casa nostra – sia anche oggi come allora fortemente intrisa di manierismi di varia natura e derivazione; che una sorta di omologazione al me-

---

[83] Edoardo Sanguineti (in N. AJELLO, *Lo scrittore e il potere*, Roma-Bari, Laterza, 1974, pp. 250-251) ha tracciato un condivisibile diagramma del movimento d'idee nel quindicennio che segue l'uscita del *pamphlet* rimanelliano: «L'arco di tempo che va dal 1961 ad oggi [*scil.* il 1974] lo chiamerei l'età rosso-nera. Gli darei cioè i colori dell'anarchia. Si verificò allora nella società italiana, e anche in quella letteraria, una crisi di equilibri. Non si può parlare di "rottura", dato che ora siamo tornati indietro; ma certo irruppero tendenze contestatarie sia dal punto di vista politico che culturale. Ci fu l'interruzione dell'ordine e l'emergere del *disordine*, nel senso positivo del termine. In letteratura s'era fatta strada la convinzione che non si potesse procedere coi vecchi sistemi degli anni Trenta, che bisognasse adattarli: in politica il centro-sinistra (quello degli albori) sembrava un omologo di questa esigenza. Intanto maturavano nella società manifestazioni di crisi autentica, si scopriva che la scuola non funzionava, esplodeva il disagio operaio. La lezione dell'avanguardia è consistita appunto nella presa di coscienza di questa crisi e nell'affermazione di un nuovo modo di far letteratura. E quell'insegnamento rimane valido anche oggi. Il fatto che l'*establishment* abbia catturato parte degli intellettuali che si battevano allora su posizioni avanzate non cambia molte cose. D'altro canto, non è tanto la cattura fisica degli uomini – uno che insegna all'università, un altro che lavora alla televisione o per i giornali – che importa. Ciò che conta è la cattura psicologica cui un gruppo o una generazione può essere sottoposta. Determinanti sono, insomma, gli "autolimiti" che ciascuno si pone. E così veniamo alla seconda fase del periodo considerato, dal 1968 ad oggi. Qui il discorso diventa molto semplice. L'*establishment* s'è leccato le ferite».

diocre, ottimalmente supportata da uno standard espressivo opacizzato ed esangue, impronti nella quasi totalità la produzione letteraria di questi nostri anni, in particolare proprio le opere che hanno raggiunto un discreto traguardo di notorietà e di successo. Non è forse manierista Baricco, e non ha forse un fiato corto abilmente calato in compartite strutture-retablo? Non scalpitano sudano scatarrano a freddo i cosiddetti giovani cannibali, che perseverano commercialmente a sacrificare sugli altari di uno pseudo *maudit* come Quentin Tarantino, già praticamente smascherato e giubilato negli States? Quali i grandi contenuti e le novità stilistiche di Susanna Tamaro? E cos'è diventato Bevilacqua, se non un clone manieristico di se stesso? E per venire a oggi: che direbbe A.G. Solari delle ormai stanche (ma redditizie) serialità del pur dignitoso Montalbano e delle storiette belline belline di Fabio Volo? O, peggio, dell'insulsa povertà stilistica e narrativa di un Moccia?

Ma non mi sembra il caso (né la sede) di redigere qui la solita lista dei buoni e dei reprobi, la cui componente primaria è un alto coefficiente di relatività. Quel che mi preme evidenziare è che se da un lato sembrano mancare da tempo i cosiddetti capolavori, la responsabilità non è astrattamente – come pure si legge – della seconda metà del secolo XX, che, per essere troppo incline all'immediato pratico, non riesce fatalmente a esprimere personalità letterarie eminenti; io credo che molto di più, quasi tutto anzi, sia da imputare a un certo modo di esercitare critica e alla sostanziale passività, solo in parte indotta, di un pubblico sempre più distratto, superficiale, disamorato. Se a fine anni Cinquanta Rimanelli presagiva che la storia letteraria sarebbe stata fatta – come poi è avvenuto – non dagli uomini e dalle loro opere, ma «dagli almanacchi, dalle notizie di Berenice, dai ricevimenti e dalle presenze scrupolosamente registrate nei tali salotti, ai tali pranzi, alle tali soste presso il libraio»,[84] negli ultimi anni e – temo – in quelli a venire si farà nei nuovi, infinitamente più vasti e distorcenti salotti televisivi, dove bastano alcuni minuti per promuovere consacrare arricchire un qualunque personaggio elevato a scrittore solo perché riempie di segni alcune carte.

In tutta sincerità, e nella viva speranza di sbagliar diagnosi, temo che il «ventennio bianco»[85] si sia ormai dilatato a dimensione di cinquantennio. Da tempo non incontro libri di narrativa italiana che mi coinvolgano intimamente e profondamente, come invece mi accade per molte pagine di autori stranieri, soprattutto sudamericani. A parte pochissime eccezioni, da anni non mi sorprendo più ad apprezzare vere, sincere novità di struttura, di stile, di lingua (persino Malerba non gioca quasi più con lessico e stilemi). Un caso? Questione di

---

[84] *Il mestiere del furbo*, cit., p. 11.

[85] Così ancora Sanguineti (ibid.) ha etichettato il periodo compreso fra la caduta del fascismo e la fine degli anni Cinquanta – lo stesso dunque cui Rimanelli (anni prima) aveva imputato il peccato di 'restaurazione' -, bollandolo come «una stagione [...] densa d'ipocrisia e di "consolazione"»; e aggiungendo all'azzeccata definizione denigratoria un codicillo sorprendentemente sintonizzato per toni e colori sulla gamma d'onda dello scrittore molisano: «Bassani e Cassola hanno perso il ruolo di consolatori della borghesia. Ma hanno dei successori. Parise – poniamo – che fa l'elogio della Ginzburg, la Ginzburg che parla bene di Parise: come a dire, l'autorecensione perfetta, l'elogio-*boomerang*. Questi personaggi monumentalizzano prematuramente: già non c'è più Natalia Ginzburg, c'è Natalia. E tutto avviene – se possibile – in maniera ancora più goffa di prima. Prima, quando i premi letterari contavano (ma torneranno a contare, non c'è dubbio) ci si riuniva in caffè e salotti dove nessuno aveva mai sputato per terra. La società letteraria era dominata da decorose signore che prendevano il tè e preparavano il *décolleté* per la cerimonia del premio Strega. Erano cretine ma senza empietà. Nessuno le aveva avvertite di nulla. Adesso invece questi personaggi non possono più far finta di non sapere che cosa succede nel mondo, si sono accorti che c'è gente che non è d'accordo con loro, hanno visto che qualcuno gli tira i pomodori. Come si regolano? In luogo di mostrare pentimento, modestia e senso delle proporzioni, diventano protervi» (p. 251).

gusti? O mi sono sfuggiti i libri più interessanti? Non lo escludo, naturalmente, anche se debbo confessare che lo faccio solo per non apparire presuntuoso.

Ma sindacando sia critica che pubblico (più la prima, ovviamente, che l'altro), mi accorgo che potrei in fondo riprendere quasi alla lettera, solo aggiornandone nomi e titoli, intere pagine di questo lontano e vicinissimo *Mestiere*. Rileggendo e analizzando a maggiori profondità il libro di Rimanelli, mi sono infatti ulteriormente convinto della inderogabile e riparatrice necessità di collocare al posto che merita e di attingere stimoli a questo troppo clandestino panorama della narrativa del nostro ventennio postbellico.

E non solo per ragioni storiche o repertoriali: anche per resuscitare A.G.Solari.

Mi illudo infatti che riuscirebbe a mettere un po' in mordacchia certe voci di nuovi imbonitori di vecchio stampo, assurti come gli antichi al ruolo di *opinion makers*. Potrebbe, io credo, incontrare oggi qualche ascoltatore più disponibile. E poi, chissà che nella nostra bella Terra di Furbi qualcuno non ritrovi in sé il gene della dignità o quello della vergogna; e qualcun altro, finalmente, la forza di scrivere soltanto quel che gli vive e preme dentro.

APPENDICE

I. Articoli di Giose Rimanelli
pubblicati su
«Lo Specchio. Settimanale di politica e di costume»
30 marzo 1958 - 27 dicembre 1959

Il settimanale inizia le pubblicazioni Domenica, 16 marzo 1958. Rimanelli comincia a pubblicarvi la sua rassegna *Lettere* – firmandola con lo pseudonimo «A. G. Solari» – nel n° 3, il 30 marzo.
Con **MF** rinvio a *Il mestiere del furbo*, nuova ediz. a cura di E. Ragni, New York, Bordighera Press, 2016.
A Roma, la sola raccolta integrale del settimanale è quella consultabile presso la Biblioteca dell'Archivio Storico Capitolino (e qui mi è d'obbligo ringraziare il dott. Vincenzo Frustaci e il personale addetto alla distribuzione). La testata non è facilmente reperibile nella sua completezza nelle biblioteche pubbliche; e in quelle in cui è presente, la consistenza è quasi sempre lacunosa in misura più o meno rilevante, che va dall'unico numero posseduto dalla Biblioteca di Storia moderna e contemporanea (il n. 11 del 1968) ai pochi delle raccolte alla Nazionale Centrale e all'Alessandrina di Roma, dove mancano, per quanto concerne le due annate 1958-59, il n. 14 del 15 giugno 1958 e, nella seconda, anche le pp. 13 e 14 del n. 44.

Anno I • 1958

3. 30 marzo, *Il cronista in parrocchia.*
[su *Scano Boa* di Gian Antonio Cibotto, *La nonna Sabella* di Pasquale Festa Campanile, *La finta sorella* di Massimo Franciosa]

«Dei tre giovani che sovrintendono alla cura di un brutto giornale, *La fiera letteraria,* che settimanalmente rivende alla provincia notizie aborracciate nella faccenda delle lettere paesane, uno – il Cibotto – si eleva per preparazione e senso di misura, sui due compagni improvvisati e salottieri». Festa Campanile «ha collezionato e séguita a collezionare favorevoli consensi da pulpiti sgonfiati: e vedi Cecchi, Goffredo Bellonci, De Robertis, Piccioni, per citare i responsabili maggiori di un equivoco, sulla loro autorevolezza, che dura da anni. Il Cibotto ha inteso obbedire, onestamente seppure modestamente, a una spinta meno compromettente, per saltar fuori dall'anonimo, e vi è riuscito con pudore, con una dignità serena che esclude l'intrigo».

4. 6 aprile, *L'ultima speculazione di Mondadori su Malaparte.*
[sul rapporto conflittuale fra lo scrittore toscano e Alberto Mondadori, che non volle mai pubblicare un testo malapartiano, facendo invece uscire *Donna come me* soltanto per sfruttare commercialmente la morte dello scrittore, avvenuta il 19 luglio 1957].

5. 13 aprile, *La vecchia gente del Babuino* **MF** 181-183
[su Ugo Moretti]

6. 20 aprile, *Poeti alla scoperta della Cassa del Mezzogiorno.*
[sul Centro Democratico di Cultura e di documentazione, che ha pubblicato *Lettere dalla provincia*, Quaderno n° 3 di «Prospettive meridionali», nato «con l'ambizione di riuscire a diffondere un'idea del Mezzogiorno d'Italia il più possibilmente conforme alla realtà», raccogliendo contributi composti da interventi di «scrittori meridionali o da scrittori che conoscono da lungo tempo il Sud d'Italia», fra i quali G.B. Angioletti, Giorgio Caproni, Domenico Rea, G. A. Cibotto, Mario Pomilio, Fortunato Seminara, Carlo Betocchi, Michele Prisco; Rimanelli vi contribuì con la "lettera" *Trapani: suggestioni di un ultimo approdo* (pp. 85-98)].

7. 27 aprile, *Un Moravia senza droghieri*
[su Moravia saggista, apprezzato per *Un mese in U.R.S.S.*, ma criticato per molta parte della sua narrativa. Rimanelli contesta comunque il saggio *Moravia* di Saverio Del Giudice].

«Ci sarà il giorno in cui i critici, messi nel sottoscala i romanzi moraviani, vorranno o potranno riscoprire il saggio "Comunismo o Cattolicesimo" o "L'uomo come fine" apparso sulla rivista americana *Confluence*, nel quale Moravia - questo negatore dell'uomo, secondo il signor Del Giudice - riafferma la sua fiducia nel destino dell'uomo? È comunque palese - e questo anche per la pace degli adulatori e dei fustigatori della narrativa moraviana - che Moravia è accettabile, in senso culturale, assai meglio di quanto non riesca col romanzo, nelle sue indagini critiche, di osservatore avveduto, affatto indifferente».

8. 4 maggio, *Il tacchino è neorealista* **MF** 209-219.
[su *Il volo del tacchino* di Luigi Cavicchioli e *La notte ha un'altra voce* di Giuseppe Colizzi]

9. 11 maggio, *Il suicidio dei pavesiani* **MF** 116-119
[su *Bellicapelli* di Sergio Velitti, *Prima di giorno* di Ottavio Cecchi, *La stanza delle mimose* di Romano Bertola].

10. 18 maggio, *La noia insidia il regno di Mondadori*.
[su Vittorini che, passato alla casa milanese, chiude da Einaudi la collana "I Gettoni"]

«I tempi di Rea, di Incoronato, di Schettini, della Zangrandi e di molti altri, per non parlare dei tempi di Bernari e di Comisso, sono ormai finiti. Erano i tempi della vendemmia. Ora, dicono negli uffici stampa della Motta e della Pirelli, alla Mondadori è tempo di venerdì magro: preghiera, riflessione, meditazione. Con il risultato che gli scrittori scappano, se ne vanno».

11. 25 maggio, *Una miniera d'oro per giovani tormentati* **MF** 137-138
[su *Gli occhiali d'oro* di Bassani]

12. 1 giugno, *Un burattino geloso spia con indifferenza*. **MF** 127-13
[su *La gelosia* di Alain Robbe-Grillet e sull'*école du regard*]

13. 8 giugno, *Una vedova ama titubando*
[su *Amore amaro* di Carlo Bernari; analisi delle traduzioni italiane di *Molloy* e di *Mentre morivo* di Samuel Beckett; *Sanctuary* di William Faulkner]

«[...] pur non sentendoci in animo di salutarlo [*Amore amaro*] "come un piccolo capolavoro", a differenza degli amici dello scrittore "che ebbero la ventura di leggerlo ancora manoscritto", lo definiamo uno dei migliori, uno dei più commossi e riusciti dell'autore di *Tre operai*. È un racconto che s'innesta nel gusto solito del Moravia, ma per fortuna Bernari è scrittore personalissimo e perciò riesce a riscattare una materia abbrutita e sciupata, elevandola a poesia. [...] Bernari, dopo gli indugi e gli sbandamenti di alcuni suoi libri precedenti, con *Domani e poi domani* ci aveva avvisati di un suo cambiamento di rotta, vale a dire di una strada che da tempo cercava; con questo *Amore amaro* (ma perché gli ha dato un così brutto titolo?) ci avvisa che potrà fare ancora di più, riguadagnando il tempo perduto».

14. 15 giugno, Soprattitolo: *Questo è l'alambicco del Premio Strega.* Titolo: *Gli ascari della domenica.* Sottotitolo: «Vi spieghiamo come i coniugi Bellonci, attraverso un'accurata selezione degli "amici", riescono a indovinare molto spesso in anticipo il vincitore del loro premio di famiglia».
[cronaca molto particolareggiata della serata al Ninfeo di Villa Giulia che ha premiato Bassani per *Gli occhiali d'oro*]

15. 22 giugno, *L'artigiano di Ferrara* **MF** 138-141
[profilo critico di Bassani narratore, dalle *Storie ferraresi* a *Gli occhiali d'oro*] .

16. 29 giugno, *Una gita in Spagna con i soldi dell'editore*
[Elogio di alcuni piccoli editori – Carucci, Sciascia, Rebellato – e di due collane, "Aretusa" di S. Sciascia e "La memoria e il tempo" della veneziana Sodalizio del Libro. Recensioni a *Ritratto spagnolo* di Carlo Montella, *Città dentro le mura* di Mauro Curradi, *Leopolda* di Libero Bigiaretti, *Un calco fidiaco* di Luigi Bartolini, *Il delitto di Fausto Diamante* di Giovanni Comisso. Un capitoletto a parte è dedicato ad Alba de Cèspedes, «eroina dei nostri

tempi», e a un suo viaggio in Spagna a spese dell'editore Mondadori].

17. 6 luglio, *Le veglie notturne dell'onorevole letterato*
[La prima votazione dello "Strega" 1958, vede in testa l'on. Giovanni Parente con il romanzo (429 pagine) *I giorni della creta*. Fra i concorrenti – ma escluso dalla sestina – Manlio Cancogni con il suo interessante *Cos'è l'amicizia*]

18. 13 luglio, *Una miniera d'oro per l'inventore della legge*
[su *La loi* di Roger Vailland]

«Vailland non è più uno scrittore giovane. È sui cinquanta, ha scritto altri romanzi piuttosto mediocri, ignorati miseramente. È uno però che conosce il suo mestiere, e scrivendo *La legge* ha calcolato scientificamente, cioè freddamente, meccanicamente, le sue possibilità di successo».

19. 20 luglio, *Diciassette colonnelli applaudirono Buzzati.*
[Cronaca della serata del Premio Strega 1958 assegnato ai *Sessanta racconti* di Dino Buzzati].

«La stagione romana si è conclusa nell'afoso ninfeo di Valle Giulia con la dodicesima edizione del Premio Strega. Questa volta, come era previsto, ha vinto Milano».
[Didascalia sotto una foto di Maria Bellonci, alias «La sacerdotessa»:] «Maria Bellonci non aveva molti dubbi sull'esito del Premio Strega: essendo lei il nocchiero di questa navicella, intuisce spesso in anticipo chi è lo scrittore da laureare con l'assegno di Alberti».
La lezione di Ezra Pound [alle pp. 22-23 del settimanale]. «[...] Il gruppo di scrittori americani che, dieci anni fa, compilando un'antologia dei massimi poeti contemporanei di lingua inglese, decise a viva forza – contro la testarda ignoranza dei professori – di includervi anche Pound, autore dei *Cantos*, ha inteso riconoscere una volta per sempre la grandezza di questo autore; e tuttavia il livore politico, la pusillanimità e cialtroneria di ogni sorta, fanno apparire ancora nemico il nome di Pound, ritardando nei più giovani artisti europei una conoscenza vitale».

20. 27 luglio, *I vegliardi al Viareggio*. **MF** 280-285
[Cronaca particolareggiata della serata; la parte passata nel volume è solo quella della storia del premio. Segue un paragrafo in cui si rimprovera la giuria, che ha omesso di ricordare Curzio Malaparte nel primo anniversario della morte]

«Il ricordo di Malaparte non si sciupa facilmente, né gli anni potranno indebolirlo: è stato un personaggio troppo geniale e controverso, fin troppo "parte di noi stessi" per potercene, volendo, liberare. Ma evidentemente non vogliamo liberarcene; anzi, ne abbiamo bisogno, per le nostre battaglie e per la fiducia nella vita. Ma, a parte ciò, è cominciato il *redde rationem*, e forse soltanto adesso, con molta pazienza e molta cura, potremo incominciare a ripensare al Malaparte scrittore. Il Malaparte scrittore è stato ucciso dal Malaparte uomo; ora che l'uomo è passato al di là, sentiamo che dobbiamo attaccarci a tutto ciò che lui ci ha lasciato, e ritrovare un giudizio sereno».

21. 3 agosto, *La Romagna degli anni caldi*.
[su *Calda era la terra* di Rino Alessi]

«Questo di Alessi è un libro notevole per carica poetica e fedeltà storica: un'ampio affresco della terra di Romagna, calda e romantica e passionale, dagli odii netti e come cieli chiari, e dagli amori ugualmente assoluti (per una donna o per la politica) condotto con mani sapienti e cuore pulsante. Sul filo della memoria, Alessi [...] ci riporta alla sua infanzia a Cervia».

22. 10 agosto, *Lo spettro prolisso ci parla di Trieste*
MF 226-227
[su *Il fantasma di Trieste* di Enzo Bettiza] .

[Brano omesso nel volume:] «Ha impiegato quattro anni per scrivere un polpettone acido, prolisso, estroverso, sognando un'emulazione sveviana, un predominio territoriale di Trieste. Bettiza: scrittore triestino! E va bene. [...] Ma noi vogliamo scrittori europei, possibilmente mondiali. E non si è europei o internazionali, come erroneamente fa notare la fascetta pubblicitaria di questo *Fantasma di Trieste*, parlando di origini slave, latine o che so io.[...] Si dirà che sono esigente, e del resto già mille pettegolezzi sono nati sul conto di A.G. Solari. Ma io sono esigente con me stesso, m'impongo una continua disciplina allo scopo di approdare in qualcosa di meritevole. Io detesto i salotti e le congreghe, spesso – per rendere più evidente la repulsione per cose siffatte – ricorro al pettegolezzo, alla maniera greve, diciamo, di Tucidide, che può essere considerato il padre del giornalismo moderno; ma formate un gruppo di araldi e non di vecchioni, per il bene nostro e altrui, per la serietà del nostro secolo, ed io sono con voi a battermi, a difendervi. [...] Per tornare al Bettiza, concluderò: non sono arrivato alla fine del libro. Ho preso delle simpamine per vincere la noia e il sonno: niente da fare. E me ne dispiace, naturalmente per lui, perché scrivere un romanzo costa fatica e privazioni e alla fine si vorrebbe che se ne parlasse nel migliore dei modi. Ma io non ho questi modi. Leggo Dante e non mi annoio: perché dunque dovrei sacrificarmi per qualcosa che mi fa cadere "come corpo morto cade"?»

23. 17 agosto, *Neorealista in ritardo* **MF** 205-208
[su *Fortuna di notte* di Ugo Moretti]

24. 31 agosto, *Alla gogna lo straniero*
[su *Lo straniero* di Colin Wilson, «tradotto piuttosto male da Aldo Rosselli e Enzo Siciliano»; e su *Nubi sugli eucalipti* di Carlo Schreiner sulla vita della donna italiana in terra coloniale negli anni 1938-48].

25. 7 settembre, *Le scoperte di un esordiente*
MF 213-217
[su *La notte ha un'altra voce* di Giuseppe Colizzi]

26. 14 settembre, *Viareggio remissivo.*
[cronaca del 29° Premio Viareggio, vinto da *Morte e pianto rituale nel mondo antico* di Ernesto De Martino; per la narrativa da *Ottavio di Saint Vincent* di Tommaso Landolfi, per la poesia da *La terra impareggiabile* di Salvatore Quasimodo, per l'opera prima da *Ritorno in pianura* di Anita Fazzini, per la saggistica *Marotta ciak* di Giuseppe Marotta, per la prosa d'inchiesta da *Il pane dei carcamano* di Giovanni Passeri.]

27. 21 settembre, *Il giudizio dei negligenti*
[continuazione. della cronaca del Viareggio. Rileggendo la cronaca del premio:] «risulta evidente lo squallore in cui si è svolto e consumato uno dei massimi premi letterari italiani»

28. 28 settembre, *L'aureola del fumetto* **MF** 219-223
[su *Fiore di strada* di Maria Aniello Bravo, *Una signora sensibile* di Diana Fiori, *I delfini sulle tombe* di Giuseppe Cassieri, *Balbina va in America* di Nino Betta].

29. 5 ottobre, *Sull'isola il terzo gode* **MF** 227-231
[su *La calda vita* di Pier Antonio Quarantotti Gambini]

30. 12 ottobre, *Un inglese scopre Davide*
[Cooper *David*]

31. 19 ottobre, *Due memorie dal meridione* **MF** 242-246
[su *Le memorie del vecchio maresciallo* di Mario La Cava, e *Gli zii di Sicilia* di Leonardo Sciascia]

32. 26 ottobre, *L'ostracismo degli isolati* **MF** 232-234
[sulla cultura «burocratizzata e falsa» che «riscuote oggi le grandi adesioni: sembra, quindi, che un critico, per viver tranquillo, debba chinar la testa e uniformarsi. Diversamente, guai a lui. Ma questa è storia vecchia»]

33. 2 novembre, *Soltanto i veterani hanno ruggito a Napoli*
[cronaca della protesta di alcuni autori al I Congresso Internazionale degli Scrittori organizzato dal Sindacato Scrittori. Ungaretti attaccò vivacemente Arangio Ruiz per la gestione "clientelare" dei fondi della Donazione Feltrinelli, ripetutamente assegnati, in contrasto con la volontà dell'editore, quasi esclusivamente ad esponenti della cultura scientifica. Gli interventi successivi di qualche giovane a sostegno di Ungaretti si rivelarono piuttosto inoffensivi, e quello, conclusivo, di Bassani null'altro che uno *show* autoreferente:]

«Un altro mezzo scandalo, rientrato, è stato l'intervento di Giorgio Bassani, la cui relazione, definita dalla stampa "esibizionistica, autobiografica, boriosa", ha suscitato la violenta reazione di Leonida Répaci che, all'ultimo momento, ha rinunciato a parlare solo per non turbare i lavori conclusivi per la costituzione della Comunità. Il Bassani, che pare aver perduto ogni senso del ridicolo ed ogni proporzione di se stesso, ha lungamente parlato di Giorgio Bassani, ha affermato che solo gli scrittori che non hanno voglia di lavorare non riescono a sbarcare il lunario, che la società (e l'esempio luminoso era Giorgio Bassani), richiede giorno e notte l'apporto dello scrittore, lo perseguita, lo acclama. Quindi non c'è da preoccuparsi per fare una nuova organizzazione. Ha omesso, per modestia, di accennare alla possibilità di dirigere lui questa organizzazione, e di palo in frasca ha posto patetici accenti sul suo passato di israelita perseguitato, terminando con un'ultima invocazione a Giorgio Bassani, la quale non ha lasciato all'uditorio nemmeno il fiato per fischiarlo. [...] Scorrendo il nutrito elenco degli interventi, ho però notato una cosa piuttosto sconcertante: hanno preso la parola, nei tre giorni di lavori, soltanto scrittori vecchi o anziani e più che maturi. L'unica eccezione è stata quella di Ugo Moretti, che ha fatto un intervento sull'ordine del giorno, invocando da parte degli Stati il finanziamento per legge della costituenda Comunità».

34. 9 novembre, *Arriva dall'Ottocento il Nobel della guerra fredda*
[su *Il dottor Živago* di Boris Pasternàk]

«Il romanzo di Pasternàk non è l'opera di un genio né il frutto di una vuota accademia, i torsoli di cavolo da buttare nella pattumiera. [...] I critici italiani, sia nell'esaltarlo e sia nel denigrarlo, hanno avuto il torto di non meditare sufficientemente la loro analisi. Si sono dimostrati soltanto dei passionari. Dal canto mio [... lo giudico come segue: il romanzo di Pasternàk è soprattutto l'opera in prosa di un poeta assai ricco di lirica esaltazione, di allusività, di *sensibleries*, di simbolismi, nella quale agisce il destino

35. 16 novembre, [*la rubrica è saltata*]

36. 23 novembre, *Scoprono se stessi sull'orlo della cinquantina*   **MF** 29-33
[su *Uccidi o muori* di Libero Bigiaretti e *Il mondo di sera* di Christopher Isherwood].

37. 30 novembre, *Due nuove antologie per i "Compagni di strada"*

[presso Guanda, *La nuova narrativa italiana* curata da Giacinto Spagnoletti; presso Lerici, *Racconti italiani* curata da Giovanni Carocci]

38. 7 dicembre, *Un rubirosa per Flora Volpini*
[sull'VIII Incontro con l'Autore all'albergo Excelsior di Roma: Bigiaretti festeggiato per *Uccidi o muori*]

39. 14 dicembre, *Milanesi in Galleria sotto la lente di Marotta* **MF** 249-252
[su *Mal di Galleria* di Marotta e *Una vampata di rossore* di Domenico Rea]

40. 21 dicembre, *Monellus è tornato al liceo*
[su *Avventura nel primo secolo* di Paolo Monelli e *L'Italia finisce: ecco quel che resta* di Giuseppe Prezzolini].

41. 28 dicembre, *Il branco si stringe nell'Almanacco risor**t* **MF** 11-15

«Comunque "pezzi" degni di attenzione vi sono in questo *Almanacco Bompia* 1959. Il brano di Vittorini sulla "TV libera sotto sequestro", il "Vocabolar dell'Italiano", intelligentemente sottile, più alla francese che all'italiana; la r brica di Vicari, "Gli anni 1942-1947" nella quale c'è tutto, dalla politica al v rietà ai libri, a passo d'uomo; agli articoli riassuntivi vari. Nella rassegna "l narrativa italiana", affidata naturalmente ad Arnaldo Bocelli, costui trova modo di accreditare, a discapito di più lodevoli scrittori che sono stati apper citati o dimenticati del tutto, la sua Pia d'Alessandria che, pubblicando *Tiro bersaglio*, non è stata originale neppure nel titolo, visto che esiste, fin d 1953, un più famoso *Tiro al piccione*. [...] Vedete dunque a cosa si è ridotta nostra letteratura: quando c'è, bisogna che l'autore che la fa si mischi branco, e quando non c'è l'autore viene inventato, di sana pianta, e porta avanti come su di una picca. Il guaio è che il Bocelli è anche redattore perp tuo dell'*Enciclopedia Treccani*, e il suo senile e interessato pennino non pot neanche giovare alla serietà di quel monumento nazionale. Che ne facciam dunque, di costui? Vogliamo o no spedirlo in pensione?

Anno II • 1959

1. 4 gennaio 1959, *L'inventore del Gattopardo*
MF 142-152.

«Il Bassani si contraddice, stampando questo libro – sebbene (ed è difficile eliminare questo dubbio) egli vi abbia messo su le mani, acconciato a modo suo qualcosa, fatto esprimere al Lampedusa qualche giudizio pertinente. Il dubbio è legittimo, se si tien conto della presunzione del ferrarese. [...] Il principe di Lampedusa, in ogni modo, ci ha guadagnato a cadere nelle mani di Giorgio Bassani. In una certa misura siamo anche grati, di questo, al Bassani: ci ha consentito una volta di più (la quinta, vero?) di parlare di lui nel modo che pensiamo».

2. 11 gennaio, *Maschere di venti secoli*
[su *Storia del teatro popolare romano* di Anton Giulio Bragaglia]

«Quest'opera è un'enciclopedia per competenti, e da cui si può partire (data anche la ricchezza bibliografica) per studi più ordinati e approfonditi. Il merito di Bragaglia è nell'aver fatto l'enorme lavoro di scavo, e aver messo in luce ciò che vale o può valere. [...] La storia dei teatri di Roma, e delle sue maschere, dei suoi "bulli", è tutta chiusa nelle pagine di questo denso volume del Bragaglia. E fra le righe, senza aver aria di filosofare, tra una citazione e una descrizione, c'è da apprendere ancora molto dal vecchio maestro degli "Indipendenti", che resta giovane e di idee anticonvenzionali, e soprattutto uomo dalla vasta traboccante umanità».

3. 18 gennaio, *L'hidalgo con lo spolverino* **MF** 17-21
[sul «capitolistico» Enrico Falqui]

4. 25 gennaio, *Il femore di Bocelli* **MF** 234-237
[recuperata nel volume solo la parte concernente il premio letterario istituito dall'Automobile Club Italiano, vinto da Pia D'Alessandria con *Tiro al bersaglio* (qui definito «polpetta stupida», «fumetto», «insulto all'intelligenza del lettore»), in *ex aequo* (ma solo dopo un'accanita diatriba) con *La doppia notte dei tigli* di Carlo Levi. Nella versione in volume è stata omessa tutta la prima parte dell'articolo,

relativa al *femore* che Bocelli si era fratturato mentre presiedeva a Sansevero di Puglia il Premio Fraccacreta: vd. qui sopra, p. 59 n. 64.

5. 1 febbraio, *Sono tutti sudisti i nuovi scrittori americani*
MF 247-248
[su *Un letto di tenebre* di William Styron].

«La letteratura americana ultima va in fondo a questo dramma di anime e di morte cosmica, e il romanzo di William Styron si pone senza alcun dubbio fra i più importanti dell'attuale momento storico. Rappresenta e denuncia, oltre che invitare a interrogarci. I nostri scrittori italiani, racchi e rachitici, ricevono una bella lezione dal 33enne Styron. E giovasse, almeno!»

6. 8 febbraio, *Un francese in estasi per gli scoiattoli marxisti* **MF** 102-104
[polemizza con il critico francese Dominique Fernandez per un suo saggio sulla letteratura italiana contemporanea]

7. 15 febbraio, *Nei loro salotti si giocava a nascondino*
MF 262-69.
[occhiello: *Le care nonne della letteratura del dopoguerra*. Maria Bellonci, Elsa De Giorgi, Flora Volpini, Alba De Cèspedes. Titoletti infratestuali: *Muore il Fascismo nascono i martiri – Il mammismo di Flora Volpini – La crociata radiofonica*].

8. 22 febbraio, *Il talento si alleva a pasticcini*
MF 269-274
[occhiello: *Le care nonne della letteratura del dopoguerra*. 2. Editori e case editrici della Capitale. Titoletti infratestuali: *Il genio editoriale giocava al Casinò - Alida Valli regala un giornale - Inviti selezionati per il Salotto pulito - Le belle Arianne diventano Parche*.]

9. 1 marzo, *La retorica del turpiloquio* **MF** 158-160
[su *Una vita violenta* di Pier Paolo Pasolini. Considerazioni positive sulla collana "Universale" edita da Cappelli]

[*brano omesso nel volume*] «Non credeva all'acqua santa né al diavolo, ma siccome, ora, si trattava di scegliere politicamente, ella [*Pasolini*] scelse la strada più facile: il comunismo. [...] Più di qualcuno potrebbe dire che Pasolini è un coraggioso, è un eroe, unicamente perché insozza la memoria di un Papa che non può essere giudicato "peccatore" da uno di noi: unicamente perché adopera un frasario da caserma e da postribolo. E invece occorre evitare tutto questo. Noi, dicendo che Pasolini è un incosciente e un baro, l'abbiamo già sistemato. Ciò che non si spiega è perché l'editore Bompiani abbia stampato gli epigrammi di Pasolini. [...] Bompiani, editore di *Officina* si attende invece elogi per ciò che ha pubblicato e pubblicherà. E beato lui se è riuscito a trovare la formula di sbevazzare cogli anticlericali e andare allo stesso tempo a braccetto coi clericali. Per conto nostro gli togliamo il saluto» [*In realtà Bompiani sciolse l'intera redazione e chiuse la testata*].

10. 8 marzo, *Rivoluzione romantica contro il neorealismo* **MF** 259-261
[su *Il silenzio è fuori* di Enrico La Stella, *La finta sorella* di Massimo Franciosa, *Sezione Santo Spirito* di Rodolfo Doni]

11. 15 marzo, *Le scrittrici italiane cantano ancora troppo* **MF** 257-259
[su *L'isola di Arturo* di Elsa Morante, *Valentino* di Natalia Ginzburg, profilo di Giovanna Zangrandi, *Passione di Rosa* di Livia De Stefani. Citate altre scrittrici • Stelloncino su don Lorenzo Bedeschi, non passato nel volume]

«Le nostre scrittrici cantano come tordi, o come cantanti liriche. Per esse il "recitativo" è ancora arte sconosciuta. Perché non si rileggono Emily Bronte? La "misura", quasi a un secolo di distanza, è forse da ricercare ancora là».

12. 22 marzo, *Un'ambigua officina per l'"eroico" Pasolini* **MF** 153-62
[Stroncatura di *Una vita violenta*, ampiamente e opportunamente rimaneggiata nella versione in volume, soprattutto nel tono e nel lessico, qui spesso infelicemente

inquinati da venature ironiche ai limiti dell'omofobia, che oscurano le osservazioni critiche più calzanti con pesanti allusioni all'omosessualità dello scrittore (pronomi e aggettivi al femminile, appellativi come «la Piera Paola Pasolina», ecc.)]

13. 29 marzo, *L'amaro disgelo dell'intellettuale marxista* **MF** 80-8
[su *Gli intellettuali* di Stephen Spender (analisi omessa nel volume); e su *Rubé* di Giuseppe Antonio Borgese, che presenterebbe alcune analogie con il romanzo di Spender]

14. 5 aprile, *Il Dizionario della maldicenza*
[elogio del *Dizionario della maldicenza* di Dino Provenzal]

15. 12 aprile, *Novanta milioni per una vendetta* **MF** 285-290
[sul premio Marzotto]

16. 19 aprile, *l mondo dei Santi non è per gli isterici* **MF** 162-173
[su *Landolfo VI di Benevento* di Tommaso Landolfi. Nella redazione in volume sono omesse le citazioni testuali].

17. 26 aprile, *L'artigiano dello scandalo* **MF** 173-178
[Moravia presidente del Pen Club: ennesimo segno di sopravvalutazione del romanziere perpetrata dai membri del suo *entourage*]

• • • • •

18-41. Gli articoli della rubrica Lettere pubblicati in questi 24 numeri del 1959 non sono di Rimanelli, come egli stesso ha tenuto a precisare in un passo dell'intervento-outing apparso nel n. 49 del settimanale, integralmente trascritto nell' Appendice, pp. 97-107.

«[...] Alcune volte, sotto la firma di A. G. Solari, sono apparsi articoli che non avevo scritto io, come quello clamoroso sull'ambiente milanese che fu opera di un corrispondente dalla "capitale morale", e come quelli apparsi dal 3 maggio all'11 ottobre di quest'anno, redatti da un collega che neanche io conosco durante una mia malattia prima e quindi durante i mesi del mio viaggio nel Canadà e negli Stati Uniti. [...] Anche l'articolo apparso su di me, a proposito del mio ultimo romanzo [*Una posizione sociale*; vd. *La congiura del silenzio*, nel n. 41 dell'11 ottobre] non è stato ... autoscritto. È dovuto alla penna di un giovane collaboratore de *Lo Specchio* fin troppo affettuoso ed entusiasta. [...]».
Nello stesso n. 41 un breve paragrafo annunciava la prossima uscita del *Mestiere* presso Sugar.

• • • • •

42. 18 ottobre 1959, *Il caso di Malaparte. Bellezza e corruzione*
[su *La pelle* di Malaparte e *Speranzella di Carlo* Bernari «rimessi fuori» da Vallecchi]

La pelle è «il più riuscito, il più sofferto e sentito e imponente libro di Malaparte. È quello che ce lo mostra nelle sue ambivalenze, nella sua bontà e nella sua cattiveria, nella sua pienezza narrativa e nel suo sostrato critico, nel suo più scoperto desiderio di impressionare, con scene violente e fosche, e nel suo fondo più segreto e difeso, che è quello umano, malinconico, con un che di fatale e di mistico insieme, che quasi lo rovescia e gli dà altra apparenza, quella che di più si attaglia a certe figure stendhaliane colte in momenti di incertezza, e quindi di verità oggettiva. [...] Come scrittore non riuscì mai (prima di giungere alla caduta del fascismo e all'ultimo dopoguerra) a dare un ordine, una disciplina, un correttivo al suo ingegno forse perché, invaso di sé come personaggio ufficiale, gli venne meno la necessaria umiltà. Come narratore, a guardar bene, non fu epigono di nessuno, per quanto le accuse che prime possono raggiungerlo sono quelle che riguardano il suo dannunzianesimo e la sua sfrontataggine papiniana. [...] Egli aveva la grande capacità di nutrirsi d'ogni cosa senza restare del tutto avvelenato, sebbene questa sua qualità non abbia giovato molto alla sua autonomia di artista cosciente. [...] E tuttavia – come dicevo sopra – Malaparte resta lui, e sia pure un "lui" minore, tutto esterno o quasi, che non riuscì a far diventar memoria, quindi spontanea arte narrativa, tutto ciò che vedeva e sentiva e toccava».

«*La pelle* finisce dove, idealmente, *Speranzella* incomincia. Anche in questo romanzo, nonostante un premio Viareggio che Bernari dovette dividere con uno scomparso, Francesco Jovine, non fu molto ben compreso al suo apparire, e parve anzi ripetere temi tristi di vicoli napoletani, dove il linguaggio, se adatto alla canzonetta, letterariamente risultava ineffettuale. Ma sembra un destino che perseguita Bernari non riuscire convincente, e originale, di primo acchito all'apparizione delle sue opere migliori, che soltanto a distanza di anni (come fu il caso di *Tre operai*) vengono riprese e riconsiderate ed alonate con nuova luce critica. Eppure *Speranzella*, dei racconti napoletani di questo dopoguerra è forse uno dei più singolari e vibranti di ironia, dove il *parlato*, il dialetto, si fa lingua pura e poesia felicemente sposandosi con una narrazione che è condotta nel più bell'italiano, così come accade del dialetto verghiano o del dialetto di un Saba, tutto al contrario, e giustamente, di quanto in questi ultimi anni stanno compiendo taluni assassini del linguaggio, che lo mutano in dialetto per dar maggior risalto al dialetto di certi loro personaggi di borgata, rimasti alla trepidazione della bestemmia e a un sentimento di elementare deformazione deamicisiana. Quando il dialetto diventa poesia l'opera narrativa se ne avvantaggia, perché il dialetto conserva intatto, più che la pulita parola, il sapore dell'uomo e della vita; ma quando si muta in letteratura enunciativa, restituisce, della vita, soltanto suoni e modi gergali che nulla hanno a che vedere con l'arte. Bernari, dunque, con *Speranzella*, ha tentato felicemente una mediazione linguistica che accresce di significati la sua opera anziché menomarla, ed oggi – con questa ristampa – ci è possibile, più che non ieri, accorgercene e valutarla».

43. 25 ottobre, *Un romagnolo oltre il Piave*
[recensione positiva su *La speranza oltre il fiume* di Rino Alessi. In paragrafo a parte, notizia sulla preparazione dell'*Almanacco Bompiani*:]

«Bompiani sta preparando l'Almanacco letterario 1960, e già lettere di invito a collaborarvi hanno raggiunto le scrivanie di molti scrittori in esercizio in Italia. Anche le scrivanie dei critici, e auguriamoci che non sia Bocelli (o Bellonci) questa volta a scrivere il pezzo panoramico sulla letteratura italiana 1959. Facciamo anzi all'editore Bompiani una proposta: perché non invita A.G. Solari a fare quel panorama? Si garantisce, fin da ora, onestà di giudizio. Ammesso che Bompiani ritenga giusto far uso dell'onestà critica».

44. 1 novembre, *Un premio equivoco all'amico dell'U.R.S.S.*
[sul Nobel a Quasimodo]

«Certo, se il Nobel fosse andato a Ungaretti, o a Montale, avremmo avuto ragioni valide per sostenerlo, e non soltanto noi italiani. Ma il premio a Quasimodo, che suona quasi come una riparazione all'U.R.S.S., e non come una riparazione all'Italia, che da quel riconoscimento è stata assente per trent'anni, oltre che innaturale è ambiguo. Infatti alcuni commentatori, accanto alle considerazioni positive, affacciano altre supposizioni sulle ragioni che possono aver orientato la scelta della giuria in favore del poeta siciliano, o per lo meno possono aver contribuito a determinarla. Essi ritengono che abbia giocato in suo favore il fatto di essere un simpatizzante comunista che, pur avendo a suo tempo preso posizione contro la repressione sovietica in Ungheria, si è successivamente riavvicinato al Partito ed è reduce da un lungo soggiorno a Mosca, dove è stato curato per un grave attacco cardiaco. La giuria, in definitiva, sembra che abbia voluto premiare stavolta uno scrittore notoriamente amico dell'U.R.S.S., per controbilanciare la premiazione di Boris Pasternàk, che l'anno scorso sollevò tante proteste da parte del governo di Mosca. [...] Sia dunque ben venuto un premio Nobel equivoco che non crea la grandezza di uno scrittore se questi, pur rispettato e rispettabile nella sua civiltà, grande non è né è indicativo per un discorso che sia internazionale, che possa riguardare la storia e le conquiste di tutti».

45. 8 novembre, *Polemiche milanesi. Rancore e barzellette per il Nobel a Quasimodo*
[Scontenti nell'ambiente intellettuale milanese per il premio Nobel allo scrittore siciliano anziché a Montale: molti illustri critici di testate nazionali hanno rifiutato di recensirlo].

46. 15 novembre, *L'ultimo Alvaro. Il romanzo agli sgoccioli*
[su *Ultimo diario* di Corrado Alvaro]

«L'*Ultimo diario*, che appare adesso da Bompiani, contiene riferimenti e date che questa vita potrebbero chiarire nei suoi numerosi angoli. E sarebbe un nuovo errore della critica, che spesso ne commette di gravissimi, cercare una formula per la sistemazione definitiva dell'opera di Corrado Alvaro che invece chiede, proprio ora, una revisione e una collocazione nel giusto e degno posto che merita».

47. 22 novembre, *Gli esperimenti di Gadda e Pasolini. I profeti incompresi del dolce stil novo*
[sullo sperimentalismo di Gadda e Pasolini, in particolare sull'assegnazione del Premio Crotone a *Una vita violenta*, regista Giacomo Debenedetti. In un breve paragrafo l'editore annuncia l'uscita di *Il mestiere del furbo:*]

«Ma con la pubblicazione del libro, è giusto che la responsabilità di quanto in esso è contenuto venga assunta "in proprio": e questo è il volere di

A. G. Solari il cui volume, pertanto, porterà oltre allo pseudonimo, anche il vero nome dell'autore».

48. 29 novembre, *Un giro di valzer per il ritorno di Napoleone*
[su *La settimana santa* di Luis Aragon, romanzo cui nuoce un'eccessiva prolissità].

49. 6 dicembre, *Il mestiere del furbo*
[soprattitolo: *Perché per due anni il romanziere Giose Rimanelli ha scritto per noi con il nome di A. G. Solari*]. Il testo integrale è trascritto nell'*Appendice* di questo saggio, pp. 97-107.

50. 13 dicembre, *Una Roma in castigo che piacerebbe a Stendhal*
[su *Roma in castigo* di Fabrizio Sarazani]

«[...] riflette un po' l'ansia, anzi una sottaciuta disperazione per questa Roma trasformata nel costume, nelle architetture, nei quartieri, nel dialetto; una Roma imbarbarita da "principi" fasulli e gente di cinema, e così diventata sempre più stretta, cordialona sempre, ma già rivestita con panni da basso impero».

51. 20 dicembre, *Non è frutto del caso il Nobel a Quasimodo*
[L'antologia di liriche del poeta vincitore, tradotta e presentata dal «segretario permanente» dell'Accademia di Svezia Anders Österling, accolta favorevolmente, dimostrando l'apprezzamento riscosso dal poeta italiano presso un largo pubblico di lettori e intellettuali svedesi].

52. 27 dicembre, *Antologia delle voci bianche da Semiramide a Coccinelle*
[su *Degli evirati cantori. Contributo alla storia del teatro* di Anton Giulio Bragaglia]

II. Rimanelli getta la maschera di A. G. Solari

Ritengo opportuno riprodurre qui il testo dell'articolo apparso su «Lo Specchio», a. II, n. 49, 6 dicembre 1959, nel quale Rimanelli, oltre a rivelare ufficialmente la propria identità, ribadiva le ragioni sostanziali dei "furori" che lo avevano indotto ad assumere il nom de plume «A. G. Solari».

Perché per due anni il romanziere Giose Rimanelli ha scritto per noi con il nome di A. G. Solari
IL MESTIERE DEL FURBO

Ho davanti a me un libro rilegato in tela, con una sopraccoperta lucida che riproduce una stampa inglese del '700. Il titolo è «Il mestiere del furbo», il nome dell'autore A. G. Solari. Sul frontespizio interno il nome dell'autore cambia ed è Giose Rimanelli. Questo è il mio ultimo libro. Non è un romanzo come gli altri, eppure è il più romanzesco, avventuroso ed elaborato dei miei libri. Debbo, innanzi tutto ai lettori de «Lo Specchio» e poi a tutti coloro che, in bene o in male, sono apparsi nella rubrica «Lettere» sopra la firma di A. G. Solari, alcune spiegazioni. La prima risponde al perché, avendo un nome già affermato e abbastanza noto per tre romanzi, un libro di viaggi e moltissimi articoli, ho preferito assumere uno pseudonimo al momento di iniziare la collaborazione su questo giornale.

Sapevo che chi si accinge a firmare una rubrica letteraria si trova ad avere tanti amici, tanti affettuosissimi colleghi, tanti autorevoli sollecitatori che il suo lavoro rischia di diventare, il più delle volte, una sterile recensione, benevola, indulgente, superficiale, di nessuna utilità e di scarso prestigio. Lo pseudonimo era del resto una delle prime condizioni necessarie, onde assicurare alla rubrica un carattere vivace. E poi perché firmavo, col mio vero nome, una rubrica letteraria su un altro settimanale.

Su quest'altro settimanale il mio ufficio è quello di «recensire» e segnalare i libri, far opera di informazione e divulgazione libraria. E la critica che spesso vi apporto è epidermica, vellicatoria. Gli editori mi accarezzano, e così gli autori; ma nel loro intimo sono certo che dicono: «Ma guarda com'è cortese, quell'imbecille!». In Italia gli scrittori che entrano nel campo minato della critica letteraria o sono dei cortesi imbecilli (tanto non è il loro mestiere!), oppure sono degli usurpatori, non dei professionisti, che parlano dei libri altrui per «fatto personale». In Italia la critica letteraria è di solito tenuta da «professionisti» che sono professori di liceo o di università, che scrivono o hanno scritto poesie, che aspirano a scrivere un romanzo e, quando lo fanno, falliscono sempre. La critica professionistica italiana spesso è «incapace» di sentire, di ricevere, un'opera narrativa. È la critica più arida e controproducente (per non dire ignorante) che esista al mondo. Eppure in America, in Francia, in Germania i critici più veri sono dei veri scrittori. Nessuno potrà contestarmi il valore critico dei saggi, ad esempio, di un D. H. Lawrence. Ma è pur vero che nei paesi nominati, almeno in fatto di letteratura, si respira aria più libera e pulita: perché la cultura è intesa come interscambio e non come conventicola, come rapporto comune e non come pascolo riservato. Da noi la critica (e la cultura) è invece pascolo riservato, predestinazione.

In qualità di recensore non davo fastidio a nessuno, anche perché l'altro rotocalco su cui scrivo non intende dar fastidio a nessuno. A volte mi hanno offerto anche dei soldi (che non ho accettato) perché parlassi bene dei libri di un certo editore e non parlassi affatto dei libri di un altro editore concorrente. Vi sono comunque critici, autorevoli o no, di giornali più o meno di larga diffusione, che ricevono la bustarella mensile dagli editori. Ho pacchi di lettere di autori che mi ringraziano per segnalazioni favorevoli; ho ugualmente cinque o sei lettere di autori che mi riempiono di vituperi: e questo perché sul giornale su cui firmo col mio nome effettivo, qualche volta mi sono preso la briga di fare il «critico» e non l'amanuense.

Ribellione al conformismo. Cito un esempio: all'apparire del romanzo *I delfini sulle tombe*, che l'autore, Giuseppe Cassieri, mi inviò con dedica «affettuosa», io scrissi un pezzo onesto, quindi necessariamente duro. Cassieri mi scrisse subito una cartolina, e di questo tenore: «Ho letto il pezzo. È incommentabile. Un giorno, fra non molto, ti vergognerai di aver scritto tante corbellerie e con tanta improntitudine. Non ti aspettare polemiche private da me. Ripeto che te ne vergognerai. È già un segno di stima pensarti eventualmente resipiscente. Ma a me non interessa né interesserà». Cassieri si reputa un «grande scrittore» forse perché, avendo scritto tre libri, ha vinto tre premi. Beato lui, comunque, che scrive allo scopo di guadagnare meriti, e riesce anche ad ottenerli. Ma io non fondo la validità di un artista su questo.

In qualità di A. G. Solari ho inteso fare soprattutto il critico. Come nell'essere umano sonnecchiano i due sessi, così nello spirito umano convivono, spesso accapigliandosi, due diversi temperamenti: quello «ufficiale», che dà il «viso» a una persona, e quello privato, direi intimo, che è il più vero e selvaggio, che urla di ribellione. Io ho affidato la mia ribellione (che non è soltanto la mia ribellione) ad A. G. Solari. Spesso la vita te la preparano gli altri. E sono convinto che A. G. Solari non sarebbe nato se non ci fosse stato un giornale in grado di dargli quel che chiedeva. In definitiva non credo di aver inteso fare opera moralizzatrice, pur vivendo in me il moralista, convinto che la società si struttura da sé e assai difficilmente accetta reattivi. E però mi sono arrogato il diritto di esercitare un'opera di rottura, onde riabituarci a una chiarezza. Partendo da questo presupposto è ovvio che la critica non vada più solo intesa in un senso estetico o filologico, ma affonda le unghie nel costume. È un principio, questo, che rientra nel metodo di Sainte-Beuve, di Orwell, anche di Strachey e della Woolf, la quale ultima, regina di un gruppo letterario che ha fatto storia, per anni ha scritto di critica letteraria conservando l'anonimo, libera così di giudicare anche i suoi personali amici con una durezza che, diversamente, non avrebbe trovato. E questo è rimasto un principio vivo, attivo, funzionale: solo che, per poterlo affermare, è necessario patire d'amore.

ESIGENZA DI ONESTÀ. Se nella letteratura italiana tutto procedesse bene, questo patimento non esisterebbe in me e anche in altri. A volte certe situazioni sono irrimediabili, e si potrebbe aggiungere indispensabili. Ma così non appare se a risentirne e ad accorgersene sono soprattutto i giovani. Si è giunti a un punto che un giovane scrittore che non goda le simpatie di certi ambienti, come chiaramente scrive l'editore Sugar nella prefazione a *Il mestiere del furbo*, non può oggi contare su un successo di pubblico, che lo imponga di prepotenza. E anche le simpatie di certi ambienti, se possono, in talune circostanze, assicurare un lancio clamoroso, nella maggior parte dei casi danno una fama effimera, legata appunto alle simpatie, agli amori, ai risentimenti più o meno viscerali e intellettuali di una *élite* letteraria che troppo spesso dimentica di essere una *élite* particolare, e in definitiva di essere un gruppo di poche decine di uomini in mezzo a qualche decina di milioni di lettori ed in rapporto ad alcune centinaia di valori, se non più validi, almeno equivalenti.

Ho dunque spesso stigmatizzato l'opera sciatta o servile di critici soggetti agli «ordini di scuderia» dell'editore o degli amici del direttore. Ho parlato chiaro, a volte addirittura con brutalità, di sconci e malevolenze, di glorie inventate e di autori misconosciuti; ho espresso il mio parere su scrittori che stimo, che a volte addirittura amo – scrittori come Calvino, Rea, D'Arzo, Ginzburg, Pavese, Berto – senza ricorrere all'apologia, anzi facendo un'accurata anatomia, che non sempre risultò edificante, del loro mondo artistico e morale. In altre parole non sono stato un conformista. Sotto lo pseudonimo di A. G. Solari ho goduto, se non altro, di questa libertà, che intendo mantenere e che qui mi è concessa.

Vi sono state, tuttavia, alcune soluzioni di continuità di cui debbo chiarire i termini. Alcune volte, sotto la firma di A. G. Solari, sono apparsi articoli che non avevo scritto io, come quello clamoroso sull'ambiente milanese che fu opera di un corrispondente dalla «capitale morale», e come quelli apparsi dal 3 maggio all'11 ottobre di quest'anno, redatti da un collega che neanche io conosco durante una mia malattia prima e quindi durante i mesi del mio viaggio nel Canadà e negli Stati Uniti. Una lettura anche disattenta del libro *Il mestiere del furbo* dove sono integrati e necessariamente ampliati alcuni degli articoli pubblicati, darà la precisa determinazione delle mie competenze. Anche l'articolo apparso su di me, a proposito del mio ultimo romanzo, non è stato ... autoscritto. È dovuto alla penna di un giovane collaboratore de *Lo Specchio* fin troppo affettuoso ed entusiasta.

Comunque tengo a sottolineare che io ho parlato esclusivamente di fatti letterari e di costume letterario, ignorando la vita privata, sentimentale, familiare degli scrittori di cui mi sono occupato. Se avessi voluto rimestare nei fatti degli altri, con il materiale a disposizione sarebbe stato facile riempire colonne su colonne. Ma a me non interessa assolutamente se uno scrittore fugge con l'amante, se una scrittrice commette adulterio con un critico, se vi sono 23 omosessuali negli alti ranghi della letteratura, oltre a due sadici, sette masochisti, un alcoolizzato, un satiro ed un numero imprecisato di lesbiche. A me interessa che ci siano gli onesti e i non onesti, gli scrittori che scrivono un brutto libro in buona fede o un bel libro in malafede; che vincano un premio per intrallazzi o per unanime giudizio di integerrima giuria; che ci siano critici seri e critici buffoni, false verginità, sepolcri imbiancati, chiacchieroni e presuntuosi, incorruttibili e prezzolati. Né, mettendomi in questa posizione, pretendo di essere un individuo meraviglioso, un Bajardo senza macchie sul pedigree. In questo ambiente come si cammina ci si inzacchera perché c'è una bella fanghiglia. Ma per fortuna non sono il solo a sentire l'esigenza d'una chiarificazione, d'un ritorno alla serietà, alla coscienza, alla difesa di un'arte indipendente e non servile; un'arte che sia coraggio, che denunci gli equivoci, che non sia distaccata dallo spirito della nazione. Ho combattuto il preziosismo, l'estetismo, lo sperimentalismo filologico, la corticalità emotiva; e questo perché si sta tornando a un'arte parassitaria e infeconda, quella - esattamente - che negli anni fra le due guerre andò sotto il nome di *rondismo, prosa d'arte, capitolo...*

Non è a dire che queste belle cose le abbia tirate fuori solo al momento in cui ero coperto da uno pseudonimo. Ho detto le stesse cose in un'intervista al *Punto* lo scorso anno, e le ho scritte anche al mio primo editore, Arnoldo Mondadori, nel momento in cui lo lasciavo, perché la sua casa editrice era diventata un covo di vecchi e nuovi presuntuosi, coloro i quali, non avendo più la forza né il coraggio di affrontare il pubblico con libri propri, con l'opera propria, preferiscono accanirsi contro quella degli altri.

Tra l'altro scrivevo al buon vecchio Mondadori: «Si sta assistendo in Italia a un fenomeno di bassa marea: la letteratura, il romanzo, si ritirano sempre più dal contatto vivo col pubblico, e da ogni mordente e da ogni influenza nel costume e nella società, per ritornare nell'aria rarefatta, filtrata, dei salotti settecenteschi e dei gabinetti di scienza letteraria. È ritornata a germogliare, con un fittizio vigore, tutta la letteratura del Trenta, sebbene sia stata giudicata e superata dalla viva letteratura europea. È ritornata a dominare la falsa perizia della bella paginetta e del *racconto insuperabile*, rimettendo in voga un sottocrocianesimo della cui tesi il filosofo napoletano inorridirebbe di sdegno. Faulkner è definito «un bambino che urla», Camus viene imparentato con Del Buono, si confonde la pagina lirica con la pagina del romanzo, si rifiuta Thomas Mann in favore magari dell'esotismo dialettale di Pasolini. Gli artigiani della cultura, ottimi operai nel lavoro d'intarsio a una sedia, a un piede di tavolo, ma incapaci di costruire un mobile tutt'intero – mi si consenta la metafora – incapaci di fare un romanzo, si organizzano in congregazioni e impongono la dittatura della mediocrità. Tanto, essi dicono, il lettore italiano non legge. Ma legge l'amico di famiglia, la principessa ottantenne. La sedia ben lavorata, per un tale pubblico, va senz'altro bene. Ma il pubblico italiano?

UNA PESANTE EREDITÀ. «Tutto questo discorso può sembrare uno sfogo, e forse lo è: ma se Ella vede bene saprà che esso è giustificato. La mia situazione assomiglia a quella di molti altri della mia generazione. Usciti dalla guerra, mischiati nel tumulto del mercato nero e nell'umiliazione della miseria, abbiamo dovuto incominciare a lavorare con una pesante eredità alle spalle: quella dei Bacchelli da una parte e dei Cecchi, dei Montano, dall'altra. Ad imbrogliare le carte, a confondere maggiormente le idee, erano venuti poi i Vittorini, il neorealismo e il falso americanismo: la vera letteratura in Italia (e forse sembrerà facile dirlo ora), i libri di Svevo, di Verga, di Tozzi se non li avessimo ricevuti clandestinamente sia i nuovi che i vecchi letterati avrebbero cercato di nasconderli, per rimetterli alla porta. Abbiamo letto di tutto in quegli anni. Ma la nostra funzione intanto, i nostri primi libri, ambiziosi e modesti ad un tempo, hanno ridestato l'interesse del pubblico dopo anni di accademia, di retorica, facendo opera di rottura. I nostri libri sono stati accolti dalla critica, anche da quella più riservata e austera, con interesse e consenso. Oggi, molti di quei libri sono letti in Europa e in America.

«Ma questo slancio della giovane letteratura italiana a un tratto è stato arrestato, soffocato: i vecchi letterati sono passati al contrattacco convincendo la critica a ignorarci, a screditarci. Ma Ella sa, egregio Editore, con quali argomenti hanno fatto tale opera di persuasione: non in nome di una nuova estetica, non in nome di una produzione eccelsa, valida con una cifra europea; ma spesso con l'argomento contrario, in nome di un fallimento letterario.

«La generazione che ci ha preceduti non è stata generosa: né con sé né con gli altri. È stata fascista perché c'era il fascismo, antifascista all'ultimo momento, comunista fino alla morte di Stalin. È evidente che oggi sconta il vuoto dentro. È stata la generazione che ha ignorato Svevo e Tozzi, Proust e J. Joyce, Faulkner, Hemingway, Thomas Mann, la Stein. Ah, sono veramente lontani i tempi in cui i critici e gli scrittori italiani polemizzavano e scrivevano per affermare soltanto i grandi ideali di cultura e di vita europea: voglio richiamarmi al Verri, Cattaneo, Manzoni, Leopardi e arrivare fino al maltrattato Croce. Oggi gli accademici polemizzano per giustificare uno stipendio.

«Ma non posso né voglio negare tutto. Un costume veramente letterario c'è stato in Italia, eccome, fino agli ultimi anni. Mi riferisco ad Alvaro, a Jovine, a Pavese: hanno lavorato per affermare qualcosa di bello, di vero in sede culturale, e sono giunti a una morte che da più parti ha dato motivo persino all'insinuazione più oscena e al ricatto. E accanto a questi nomi vorrei metterne un altro, quello di Moravia, che per avere un'influenza sul pubblico non si trincera dietro un tavolo di casa editrice, ed anche lui paga di persona. Ha scritto libri brutti e libri belli. Ma l'importante è che li abbia scritti, affrontando il pubblico e lottando, con una produzione propria, ben lontano dall'interferire in quella degli altri. Non ha cercato stipendi da nessuno, se non in cambio delle proprie cartelle, e scontando con la viva produzione i difetti che la corrompono e i pregi che ce la fanno accettare».

RIPUGNANZA PER I "SALOTTI". Queste furono sempre le mie idee, ed A. G. Solari ha potuto esprimerle, diventando, durante un anno e mezzo, lo spauracchio misterioso della cattiva coscienza dei letterati italiani. Voci contrastanti sulla sua identità e le più ardue supposizioni circolavano. Talvolta sfioravano la verità senza però averne le prove. Mi hanno raccontato che Alberto Mondadori, arrabbiato per l'articolo su Milano, stanziasse addirittura una taglia per sapere chi fosse questo A. G. Solari. Gli dissero che ero io, e se ha pagato la taglia me ne dispiace per lui, perché proprio di quell'articolo non ho responsabilità alcuna.

Molti hanno riconosciuto la validità dei miei articoli su *Lo Specchio*, ma non hanno avuto il coraggio di scriverlo. Molti altri mi hanno inviato lettere di consenso.

Ora ci sarà gente che ancora griderà contro Giose Rimanelli, contro A. G. Solari, che protesterà perché ho dato troppo spazio a taluni e poco ad altri, etc. Ci sarà chi, come Goffredo e Maria Bellonci, Falqui e Bocelli, griderà all'empietà e all'ingratitudine. Falqui, a me personalmente, non ha fatto né bene né male, e Bocelli ha scritto bene del mio *Tiro al piccione*. Ma i fatti personali non mi riguardano. Io li ho attaccati perché, a parer mio, rappresentano i simboli della nuova crisi letteraria e del compromesso, anelli importanti nel «giro» delle amicizie contemporanee. G. B. Vicari, che tanto si lamenta per un mio appunto, fa male invece. Perché egli mi ispira un'assurda tenerezza: quella che si ha per gli incolpevoli.

Anche i coniugi Bellonci non li ho attaccati per fatto personale. Non ci sono che buoni uffici e cordialità da parte loro nei miei personali riguardi. Io non dimentico i favori e le strette di mano. Ma non posso, per questi favori e per queste strette di mano, dimenticare idee e principii, avallare una politica di salotto e di giuria che mi ripugna, accettare o fingere di ignorare delle posizioni che sono antitetiche alle mie e a quelle che onestamente reputo debbano essere le idee del mio tempo.

Non ho avuto nessun favore da Leonida Répaci o da Giacomo Debenedetti, da Guido Piovene o da Carlo Bernari o da Pratolini: ma li ho rispettati perché la loro vita di scrittori, e il loro impegno di scrittori, spesso sono stati degli esempi anche per me.

Il mestiere del furbo è in libreria (ma non parlo solo dei furbi): libro critico, libro di costume. Alla base di esso c'è uno scontento e una ribellione non personali, ma generali. Dato lo schieramento attuale dei letterati, forse sarà possibile fare intorno ad esso il silenzio, il deserto. Ma io mi auguro che giovi.

Giose Rimanelli

III. Uno *specimen* di rielaborazione.

Per dare un'idea del lavoro di revisione e adattamento cui Rimanelli sottopose i testi pubblicati su «Lo Specchio» con il primario intento di riorganizzarli in un discorso meno frammentario (e meno legato alla contingenza in cui apparvero), propongo qui le due redazioni del profilo di Giorgio Bassani così come si leggono nel periodico (❶Una miniera d'oro per giovani tormentati, a. II, n. 11, 25 maggio 1959; ❷L'artigiano di Ferrara, n. 15, 22 giugno 1959) e come sono state rielaborate nel libro (cfr. Il mestiere del furbo, pp. 137-142).

Per quanto concerne la trascrizione, ho tentato di offrire al lettore la possibilità di seguire il più agevolmente possibile le due lezioni:

- *racchiudendo fra ☞ ☜ in apice e in corpo minore i brani aggiunti nella redazione in volume;*
- *reinserendo in soscrizione corsiva e in corpo minore i brani o le parole soppresse;*
- *segnalando, pure in corsivo ma fra < >, le varianti lessicali o stilistiche intervenute.*

Ho omesso qualche brano in cui la coincidenza delle due redazioni si presentava praticamente perfetta e dove il testo non offriva ragioni d'interesse esegetico o stilistico; ho naturalmente segnalato con [...] i luoghi degli omissis.

❶ ☞Una vita vagheggiata attraverso gli scritti, e più ancora con l'aiuto di una mondanità letteraria organizzata, è quella del☜ *Il* ferrarese Giorgio Bassani ☞Finora d'arte se n'è vista poca nei suoi racconti; ma, in compenso, ☜ ha fatto carriera e ☞diversi☜ quattrini. *Dio lo assista!*
Venuto fuori con poesie di gusto ermetico, or è già diverso tempo, e precisamente con il volume *Un'altra*

libertà, accolto nella collezione mondadoriana «I poeti dello Specchio», Bassani ha provveduto a situare la sua rispettabilità , *almeno* nell'ambito di alcune congreghe, *muovendosi abilmente* nei salotti e nelle redazioni di certi <dei> giornali. Le signore intellettuali, sempre indulgenti nei riguardi dei giovani riccioluti e dalla faccia di maschi divorati da un tormento ideale, l'hanno aiutato abbastanza, e prima fra tutte quella principessa Caetani di cui un avo, Filippo o Apollodoro, è simpaticamente ricordato da Stendhal in *Henry Brulard*, per essere stato il primo importatore in Italia di una macchina espresso per caffè.

La principessa Caetani, *amabile vecchietta* i cui interessi sono tutti o quasi dedicati alla letteratura e alla poesia dei paesi di lingua inglese, ha il merito non piccolo di essere stata generosa con artisti anglo-americani in difficoltà, e soprattutto di aver favorito, anzi incoraggiato, ospitandolo e in parte finanziandolo, un viaggio in Italia del poeta Dylan Thomas. E adesso anche lei, (come l'avo che impressionò Stendhal), si è meritata un posticino nel memorialismo letterario anglosassone in virtù di certe lettere in risposta a quelle indirizzate dal tragico poeta gallese. La sua rivista semestrale, *Botteghe oscure*, è un'antologia passiva ma idealmente interessante, diretta per la sezione italiana appunto da Giorgio Bassani, i cui gusti sono esclusivi.

Il Bassani, oltre allo stipendio della Caetani ☞ – e alla rappresentanza diplomatica presso una rivista fiorentina di veste sobria ma culturalmente valida, *Paragone* -☜ si è poi, in un certo periodo di sperperi del cinema italiano, lanciato in alcune sceneggiature che hanno avuto il merito di gonfiargli <accrescergli> la borsa ☞ e la boria ☜, ma non di portare i suoi film nelle cineteche. Si usa dire che <, poiché, usa dirsi,> «il cinematografo serve a far quattrini», e forse consente ad artisti del tipo *del nostro* Giorgio ☞ Bassani ☜ di creare, al riparo della necessità, capolavori letterari. Ed egli ne ha creati, infatti: sono cinque racconti ferraresi, così e così, letti sì e no da cinque persone (fra le quali io), affidati, fin dal loro apparire, al dominio devastante della polvere di libreria; pure gli guadagnarono un <il> *Premio Strega* e, adesso, un posto di direttore di collana della casa editrice Feltrinelli.

Si dirà che questi racconti hanno una molla eccezionale dal momento che fruttano tanto. E magari fosse. Il guaio è che Bassani vale forse appena la giacchetta di un Maupassant, o, addirittura, di un Rea. ; è un professorino che parla mettendoci la suspense, e a questo gioco, nelle anime pie, riesce quasi sempre. Siamo quindi in attesa di leggere il sesto racconto ferrarese. E pensare che allo Strega Pavese è arrivato alla vigilia del suicidio, e Alvaro alla fine della vita, dopo una vita spesa interamente per l'arte! Ma tant'è: evviva gl'intriganti!, diremo noi alla maniera del Baretti; quelli che fanno i loro affari destreggiandosi con un piede nel comunismo e l'altro sullo stomaco dei borghesi ricchi.

❷ Sensibile all'invito del suo ristretto gruppo di amici, Mario Soldati in testa, Giorgio Bassani non ha esitato a riprendere in mano la penna per stendere la "sesta" cronaca ferrarese.

Ferrara, il suo ambiente di colta provincia, e <ma> *più accortamente* certa condizione in cui sono venuti a trovarsi gli ebrei ferraresi durante il ventennio fascista, hanno suggerito a Bassani, intellettuale israelita, pagine di rievocazioni lucide e attente. La sua naturale vocazione alla poesia si è potuta così tradurre in ispirazione narrativa di gusto intimista e fragile, nonostante sia costantemente sorvegliata nello <dallo> stile. Stile pomposo <sobrio>, nitido, a cui fa riscontro un'ispirazione pomposa <sobria>, nitida. Non aspettatevi da Bassani niente <nulla> di eccezionale. Egli avanza con prudenza <prudentemente>, sicuro di rispecchiare ☞ – come Calvino, come Cassola, come cento altri (ad eccezione di Domenico Rea, di Natalia Ginzburg, di Elsa Morante e qualche altro, che sono di molto più su) – ☜ il medio standard della narrativa contemporanea; ma ☞è☜ certo anche ☞che☜ in questo *medio* standard egli ha saputo allinearsi in prima fila. Ma cerchiamo di non correre in equivoci.

Lo standard di Bassani *(o di Cassola, perché siamo lì)* è di stampo <tipo> intellettualistico: fabbricato con cura, con dovizia di particolari, con tecnica, *direi. È lo standard degli artigiani.* ☞La sua prosa☜ <N> non irrita mai *cioè* né mai *ti* entusiasma. <Può> Possono entusiasmare o irritare un mobile Luigi Filippo, *oppure* una biblioteca di *tek* *alla svedese* , o ancora una ceramica di Vietri; ☞possono irritare o entusiasmare perché☜. Aappartengono a un artigiano che *ha fatto epoca,,* ☞ e☜ che ☞,bene o male,☜ denuncia uno stile. Ma non irrita, né entusiasma un mobile *chippendale*. Lo si accetta quasi sempre senza fiatare, se ne riesce a provare persino un certo intimo piacere, poiché, appunto, la fortuna di Sir Thomas Chippendale, *English cabinet-maker*, come lo definisce il *Webster's Dictionary*, sta nell'aver egli saputo caratterizzare i suoi mobili <by> con *graceful lines and often rococo ornamentation*. *: con linee piene di grazia qua e là interrotte, o integrate, dall'ornamentazione rococò affatto ripugnante.*

Bassani potrebbe *infine* risultare anche piatto, o addirittura noioso, quando spinge il suo intellettualistico istinto di *cabinet-maker* in soluzioni formali, grammaticali e ortografiche di dubbia arditezza. Questo scherzo di portare avanti il lettore per pagine e pagine alla ricerca di un punto o di un punto e virgola, onde riprender fiato, finora è riuscito soltanto a due persone: Joyce e Faulkner. Ma ci sono riusciti con la piena poetica che sappiamo. A Bassani, facendo difetto proprio questa nella narrativa, mancando cioè del cosiddetto *fiato*, lo scherzo diventa ... scherzo da prete. *: e se lui di questo riesce a riderci, da buon semita, ci permetterà di dirgli che a noi forse arreca un po' fastidio.* Comunque, nella <in questa> sua ultima cronaca ferrarese ☞(la sesta)☜ *Gli occhiali d'oro* (1958), il Bassani ha portato avanti il suo stile purificandolo dei lunghi e spesso arzigogolati periodi. Per sua e nostra fortuna. [...]

Tutta la storia riguarda, dunque, un invertito: e ad elogio di Bassani diremo che la materia, di per sé scabrosa, è condotta con molta discrezione, molta «atmosfera» e pulizia. Il coro è costituito dal sottofondo di vita provinciale e studentesca, e da alcune famiglie di «borghesi intellettuali» che – *tanto per fare un esempio* – modulano il fischio di casa sulla prima battuta di un *Lied* di Schubert. [...]

«In quel momento ero certo che non sarei mai riuscito a rispondere all'odio altro che con l'odio», nota ancora Bassani, e bisognerà dargliene atto. La sua biografia riporta che subì il carcere a Ferrara nei mesi precedenti la caduta del fascismo, e partecipò poi alla resistenza a Firenze e a Roma.

[brano omesso]

A Roma con il gruppo, pare, di Amendola e di Bencivenga che organizzarono l'attentato di via Rasella che poi doveva costare all'Italia, più che alla Resistenza, i morti delle Fosse Ardeatine.

Giorgio Bassani, nato nel 1916, oltre a due piccoli (e del resto insignificanti) libri di versi, ha pubblicato finora Cinque storie ferraresi, prima isolatamente poi in volume, che gli valsero, nel 1956, il Premio Strega. *Gli occhiali d'oro* è la sesta storia ferrarese, come si è detto, e vede la luce proprio nella stagione dei premi. Non ci sarà ancora un premio disponibile per Bassani? Non si dice ch'egli scriva per quest'unico scopo, no: saremmo veramente ingiusti. Ma i suoi scritti sono destinati ad essere ricevuti proprio come i mobili «chippendale»: senza irritazione e senza entusiasmo. La condizione ideale, quindi, per avere una carriera liscia. Del resto in quanto a carriera, beh, chi gliela potrebbe negare? Già ne ha fatta parecchia.

☞Ma non si può dar atto a nessuno quando, con imperdonabile leggerezza, si vogliono accostare i racconti del Nostro a Melville, a un James [Mario Ricci, *Il Ponte*, febbraio 1959. *N.d.A.*]. Tutto ciò è ancora frutto di una provincia italiana e di una incultura che gli anni del dopoguerra non hanno ancora del tutto, nonostante la sentita ambizione europeistica, scardinato, buttato a mare.

Qui Bassani è soltanto un esempio. Spesso però sono tipi come il Bassani a dare fiato alle trombe non dell'equivoco, ma dell'incoscienza. L'impulso dato da Vittorini a riviste come *Il Politecnico* e a case editrici, pubblicando opere nuove e scoprendo nuovi talenti, è ben noto.

Ma Vittorini è un artista nel vero senso della parola: ha fiuto, bontà, disposizione critica; Vittorini ha pensato sempre (crediamo) prima agli altri poi a se stesso, prima alle cose degne poi ai quattrini. Bassani (crediamo) è sul piano opposto. Ora, facendo il direttore di collane letterarie, gli è accaduto di metter le mani su di un autore nuovo, un morto, già rifiutato da Vittorini, che però gli ha rinsaldato l'impiego editoriale e questo suo incomprensibile prestigio.

INDICE

Non sono registrate le occorrenze di nome e pseudonimo di Rimanelli, sono omessi i nomi di istituzioni pubbliche e di luogo, fatta eccezione per qualche *item* che sia in qualche relazione biografica con lui.

Accame, Giano, 23
Ajello, Nello, 73
Alessi, Rino, 84, 94
Allende, Salvador, 62
Alvaro, Corrado, 48, 71, 95, 96, 106, 111, 113
Amendola, Giorgio, 113
Aniello Bravo, Maria, 86
Aragon, Luis, 96
Arangio Ruiz, Vincenzo, 86
Arfelli, Dante, 49
Asor Rosa, Alberto, 42
Avagliano, editore, 22

Bacchelli, Riccardo, 37, 105
Bajardo, 103
Baldini, Antonio, 33, 41,
Balzac, Honoré de, 70
Barbusse, Henry, 35, 36
Barlocco, Marcello, 32, 49, 65-69
Bartolini, Luigi, 82
Bassani, Giorgio, 1, 8, 32, 48, 49-55, 81, 82, 86, 87, 89, 109-114
Baudelaire, Charles, 33
Beckett, Samuel, 82
Bedeschi, don Lorenzo, 81
Bellonci, Goffredo, 41, 82, 94, 80, 107
Bellonci, Maria, 83, 90, 107,

Bencivenga, Rosario, 113
Berenice (Iolena Baldini), 17, 75
Bernari (Bernard), Carlo, 3, 81, 82, 93-94, 108,
Berto, Giuseppe, 3, 10, 49, 60, 102
Bertola, Romano, 81
Bertolucci, Giuseppe, 61
Betocchi, Carlo, 80
Betta, Nino, 86
Bettiza, Enzo, 84-85
Bevilacqua, Alberto, 74
Bigiaretti, Libero, 35, 39, 82, 87, 88,
Bilenchi, Romano, 39
Bocca, Giorgio, 60
Bocelli, Arnaldo, 25, 27, 32, 59, 60, 78, 89-90, 94, 107,
Bompiani, editore, 88, 91, 94, 95
Borgese, Giuseppe Antonio, 35, 38, 92
Borsellino, Nino, 42
Bragaglia, Anton Giulio, 89, 97
Branca, Vittore, 42
Bronte, Emily, 92
Bruininchx, Walter, 30
Buzzati, Dino, 83

Caetani, Marguerite, 110
Calvino, Italo, 1, 10, 49, 102, 111
Cancogni, Manlio, 83
Cappelli, editore, 91
Caproni, Giorgio, 80
Cardinale, Claudia, 54
Carocci, Giovanni, 88
Carucci, editore, 82
Cassieri, Giuseppe, 86, 100
Cassola, Carlo, 39, 49-52, 54-57, 111, 112
Cattaneo, Carlo, 106
Cavicchioli, Luigi, 81
Cecchi, Emilio, 35, 42, 80, 105
Cecchi, Ottavio, 81
Cestari, Enrico, 4
Chippendale, sir Thomas, 112
Ciamarra, Nick, 46
Cibotto, Gian Antonio, 79, 80
Cicognani, Bruno, 37
Cimatti, Piero, 22
Coccinelle, 97
Colizzi, Giuseppe, 81, 85
Comisso, Giovanni, 81, 82
Cooper, David, 86
Corsi, Pietro, 23, 41, 45
Costantino, imperatore, 56
Crane, Stephen, 70
Croce, Benedetto, 106
Curradi, Mauro, 82

D'Arzo, Silvio, 10, 102
Dante Alighieri, 85

De Cèspedes, Alba, 82, 90,
De Giorgi, Elsa, 90
De Martino, Ernesto, 85
De Michelis, Eurialo, 35
De Robertis, Giuseppe, 80
De Sica, Vittorio, 3, 54
De Simone, Cesare, 8
De Stefani, Livia
Debenedetti, Giacomo, 96, 108
Del Buono, Oreste, 104
Del Giudice, Saverio, 80
Dickinson, Emily, 54
Doni, Rodolfo, 91
Dostoevskij, Fëdor
Dreiser, Theodor, 70

Einaudi, editore, 22, 40, 43, 81
Enciclopedia Treccani, 6, 88

Falqui, Enrico, 25, 27, 32, 52, 59, 89
Fanfani, Amintore, 62
Faralli, Giovanni Battista, 29
Faulkner, William, 3, 72, 82, 106, 112
Fazzini, Anita, 85
Feltrinelli, editore, 86, 111
Fenoglio, Beppe, 3
Fernandez, Dominique, 90
Ferretti, Gian Carlo, 53
Festa Campanile, Pasquale, 79, 80
Fiore, Tommaso, 61
Fiori, Diana, 86

Fisher Rare Book Library, Toronto, 6, 43
Franciosa, Massimo, 79, 91
Frustaci, Vincenzo, 79

Gadda, Carlo Emilio, 96
Galdieri, Michele, 41
Gardaphé, Fred L., 11
Gargiulo, Alfredo, 35, 36, 38
Gatto, Alfonso, 39
Gibellini, Pietro, 29
Ginzburg, Natalia, 10, 49, 75, 91, 102, 111
Granese, Alberto, 10
Grimaldi, armatore, 22
Gruppo 63, 54
Guanda, editore, 88
Guttuso, Renato, 62

Hemingway, Ernest, 62, 72, 106

Incoronato, Luigi, 81
Isherwood, Christopher, 35, 87

Jovine, Francesco, 48, 94, 106
Joyce, James, 72, 106, 112

Kafka, Franz, 35, 36, 67

La Capria, Raffaele, 61
La Cava, Mario, 49, 86
La Stella, Enrico, 91
Landolfi, Tommaso, 32, 49, 5785, 92

Lawrence, David Herbert, 58, 99
Léautaud, Paul, 26
Leopardi, Giacomo, 106
Lerici, editore, 88
Levi, Carlo, 60, 61, 89,
Luti, Giorgio, 42
Malaparte (Suchert), Curzio, 80, 84, 93-94
Malerba (Bonardi), Luigi, 3, 76
Manacorda, Giuliano, 42
Mondadori, Alberto, 107
Mondadori, Arnoldo, 65, 71, 80, 81, 83,104
Mann, Thomas, 72, 104, 106
Manzini, Gianna, 59
Manzoni, Alessandro, 40, 70, 106
Maraini, Dacia, 60
Marotta, Giuseppe, 85, 88
Martelli, Sebastiano, 7, 8, 11, 22, 29, 42, 43, 48-49
Marzorati, editore, 42
Maupassant, Guy de, 111
Mazzantini, Carlo, 43
Melville, Herman, 3, 114
Miozza, Pasquale, 31
Moccia, Federico, 74
Monelli, Paolo, 88
Montalbano, Salvo, 74
Montaldo, Giuliano, 4
Montale, Eugenio, 54
Montano, Rocco, 105
Montella, Carlo, 82
Morante, Elsa, 49, 91, 111

Moravia, Alberto, 52, 53, 57-65, 80-81, 82, 93, 106
Moretti, Ugo, 15, 19, 24, 32, 44, 45, 49, 65-69, 80, 85, 87
Muscetta, Carlo, 42

Nelson Page, Giorgio, 23
Nerval, Gérard de, 33
New Orleans, 29

O. Henry (W.S. Porter), 69
Oliva, Gianni, 29
Omero, 70
Original Lambro Jazz Band, 30
Orwell, George, 101
Österling, Anders, 97

Palazzeschi, Aldo, 37, 39
Parente, Giovanni, 83
Parise, Goffredo, 75
Pasolini, Pier Paolo, 49, 53, 54, 57, 91-92, 96, 104
Passeri, Giovanni, 85
Pasternàk, Boris, 87, 95
Pavese, Cesare, 3, 5, 10, 23, 48, 61, 70
Pea, Enrico, 37
Pedullà, Walter, 42, 56
Pen Club, 60, 61, 93
Pia d'Alessandria, 59, 88, 89
Picasso, Pablo, 62
Piccioni, Leone, 80
Pignatti, Franco, 42
Pinelli, Bartolomeo, 33

Poe, Edgar Allan, 67
Pomilio, Mario, 49, 80
Pompidou, George, 62
Porta, Carlo, 54
Porto, Giuseppe, 40
Pound, Ezdra, 26, 83
Pratolini, Vasco, 3, 39, 48,108
Premio Automobile Club Italiano, 89
Premio Fraccacreta, 59, 90
Premio Marzotto, 48, 92
Premio Nobel, 64, 87, 95, 97
Premio Strega, 48, 75, 82, 83, 111, 113
Premio Viareggio, 48, 67, 84, 85, 94
Prezzolini, Giuseppe, 22, 36, 88
Prisco, Michele, 29, 49, 80
Proust, Marcel, 33, 72,106
Provenzal, Dino, 86, 92

Quarantotti Gambini, Pier Antonio

Radio Canada, Montreal, 22
Ragni, Eugenio, 3, 43, 79
Random House, editrice, 22
Rea, Domenico, 49
Rèpaci, Leonida, 86, 108
Ricci, Mario, 114
Rimbaud, Arthur, 33
Riva, Mario, 49
Robbe Grillet, Alain, 81

Rosa, Giovanni Battista (Titta), 25-40
Rosselli, Aldo, 85
Runyon, Damon, 69
Russo, Luigi, 36, 38, 42

Sainte-Beuve, Augustin de, 26, 27, 101
Sanguineti, Edoardo, 54, 73, 75
Sapegno, Natalino, 42
Sarazani, Fabrizio, 23, 96
Saviane, Sergio, 60, 62-63
Savinio, Alberto, 3
Schettini, Mario, 81
Schreiner, Carlo, 20, 85
Sciascia, Leonardo, 21, 25, 41, 44, 49, 86
Sciascia, Salvatore, editore, 82
Seminara, Fortunato, 80
Semiramide, 97
Siciliano, Enzo, 85
Silone, Ignazio, 49
Sindacato Nazionale Scrittori, 86
Spagnoletti, Giacinto, 88
Spender, Stephen, 92
Stalin, 106
Stein, Gertrude, 23, 26, 40, 69, 72, 106
Stendhal (Henry Beyle), 93, 96, 110
Stinchelli, Fulvio, 23
Styron, William, 90
Sugar, editore, 3, 93, 101
Svevo, Italo, 72, 105, 106

Tagliacarne, Antonio, 3, 4, 6
Tamaro, Susanna, 74
Tamburri, Anthony J., 10
Tarantino, Quentin, 74
Tecchi, Bonaventura, 35
Tedeschi, Marcello, 42
Terrazza Martini, Milano, 21
Thomas, Dylan, 110
Titta Rosa → Rosa, Giovanni Battista
Tomasi di Lampedusa, Giuseppe, 89
Tozzi, Federigo, 35-39, 48, 72, 105, 106
Tucidide, 85

Ungaretti, Giuseppe, 41, 86, 95
Utrillo, Maurice, 50

Vailland, Roger, 83
Vallecchi, editore, 21, 41, 93
Valli, Alida, 91
Velitti, Sergio, 81
Verga, Giovanni, 23, 38, 39, 70, 105
Verlaine, Paul, 33
Verri, Pietro, 106
Vicari, Giambattista, 88, 107
Vitti, Antonio, 5
Vittorini, Elio, 3, 48, 81, 88, 105, 114
Volo, Fabio, 74
Volpini, Flora, 88, 90

Wilson, Colin, 85
Woolf, Virginia, 27, 57, 101

Zangrandi, Giovanna, 81

PROFILO DELL'AUTORE

Laureato in Lettere all'Università La Sapienza di Roma, con una tesi in Filologia romanza, dal 1967 al 2005 EUGENIO RAGNI ha insegnato Letteratura italiana alla Facoltà di Magistero e all'Università di Roma Tre. Ha insegnato per incarico in altre università italiane (Viterbo, Lecce) e, come *visiting professor*, in alcune straniere (ASU, UCLA, UofT). Per più di un trentennio (1966-93) ha lavorato come redattore-autore pres-so l'Istituto dell'Enciclopedia Italiana Treccani, soprattutto all'*Enciclopedia Dantesca.*

Le sue pubblicazioni spaziano da non poche *lecturae Dantis* (di cui ha in preparazione una silloge) a edizioni critiche commentate di autori moderni e contemporanei (Firenzuola, Oriani, Bernari, Bigiaretti, Rimanelli), a saggi su Ariosto, Leopardi, Irving, Gregorovius, d'Annunzio, Savinio, Pierro. Ha raccolto nel volume *Roma nella narrativa italiana contemporanea: incontri letture umori* (1988) le recensioni apparse sulla rivista «Studi Romani» nel quindicennio 1973-87; e per il IX volume della *Storia della letteratura italiana* della Salerno Editrice (2000) ha redatto i capitoli *Cultura e letteratura dal primo dopoguerra alla seconda guerra mondiale* e, in collaborazione, *Prosatori e narratori del pieno e del secondo Novecento* e *Scrittori dell'ultimo Novecento.* Per il DLB (voll. 196 e 264, 1999 e 2002) ha delineato i profili di Malaparte, Bevilacqua e Bilenchi.

Appassionato del Belli, ne ha curato una silloge di 600 sonetti per Zanichelli, ha pubblicato sul poeta romano molti saggi ed è caporedattore della rivista «il 996», dedicata soprattutto al poeta romanesco, ma aperta ad altre voci dialettali; si è occupato inoltre di altri poeti romani moderni e contemporanei (Giulio Cesare Santini, cui nel 2010 ha dedicato la monografia *La gioia intrecciata ar sospiro*; Mario Dell'Arco, Mauro Marè, Elia Marcelli e altri più recenti). Ha curato inoltre l'edizione critica del libretto dell'opera belliniana *I Puritani* e i testi di alcune raccolte di madrigali di Claudio Monteverdi.

È socio ordinario dell'Istituto Nazionale di Studi Romani, del Centro Pio Rajna; fa parte del Comitato scientifico della Casa di Dante in Roma; è inoltre membro ordinario dell'Accademia dell'Arcadia, dell'Accademia Torricelliana di Faenza, del Gruppo dei Romanisti, ed è socio fondatore del Centro Studi Giuseppe Gioachino Belli.

SAGGISTICA

Taking its name from the Italian—which means essays, essay writing, or non-fiction—*Saggisitca* is a referred book series dedicated to the study of all topics and cultural productions that fall under what we might consider that larger umbrella of all things Italian and Italian/American.

Vito Zagarrio
The "Un-Happy Ending": Re-viewing The Cinema of Frank Capra. 2011. ISBN 978-1-59954-005-4. Volume 1.
Paolo A. Giordano, Editor
The Hyphenate Writer and The Legacy of Exile. 2010. ISBN 978-1-59954-007-8. Volume 2.
Dennis Barone
America/Trattabili. 2011. ISBN 978-1-59954-018-4. Volume 3.
Fred L. Gardaphè
The Art of Reading Italian Americana. 2011. ISBN 978-1-59954-019-1. Volume 4.
Anthony Julian Tamburri
Re-viewing Italian Americana: Generalities and Specificities on Cinema. 2011. ISBN 978-1-59954-020-7. Volume 5.
Sheryl Lynn Postman
An Italian Writer's Journey through American Realities: Giose Rimanelli's English Novels. "The most tormented decade of America: the 60s" ISBN 978-1-59954-034-4. Volume 6.
Luigi Fontanella
Migrating Words: Italian Writers in the United States. 2012. ISBN 978-1-59954-041-2. Volume 7.
Peter Covino & Dennis Barone, Editors
Essays on Italian American Literature and Culture. 2012. ISBN 978-1-59954-035-1. Volume 8.
Gianfranco Viesti
Italy at the Crossroads. 2012. ISBN 978-1-59954-071-9. Volume 9.
Peter Carravetta, Editor
Discourse Boundary Creation (LOGOS TOPOS POIESIS): A Festschrift in Honor of Paolo Valesio. ISBN 978-1-59954-036-8. Volume 10.

Antonio Vitti and Anthony Julian Tamburri, Editors
  Europe, Italy, and the Mediterranean. ISBN 978-1-59954-073-3.
  Volume 11.
Vincenzo Scotti
  Pax Mafiosa or War: Twenty Years after the Palermo Massacres.
  2012. ISBN 978-1-59954-074-0. Volume 12.
Anthony Julian Tamburri, Editor
  Meditations on Identity. Meditazioni su identità. ISBN 978-1-59954-082-5. Volume 13.
Peter Carravetta, Editor
  Theater of the Mind, Stage of History. A Festschrift in Honor of Mario Mignone. ISBN 978-1-59954-083-2. Volume 14.
Lorenzo Del Boca
  Italy's Lies. Debunking History's Lies So That Italy Might Become A "Normal Country". ISBN 978-1-59954-084-9. Volume 15.
George Guida
  Spectacles of Themselves. Essays in Italian American Popular Culture and Literature. ISBN 978-1-59954-090-0. Volume 16.
Antonio Vitti and Anthony Julian Tamburri, Editors
  Mare Nostrum: prospettive di un dialogo tra alterità e mediterraneità. ISBN 978-1-59954-100-6. Volume 17.
Patrizia Salvetti
  Rope and Soap. Lynchings of Italians in the United States. ISBN 978-1-59954-101-3. Volume 18.
Sheryl Lynn Postman and Anthony Julian Tamburri, Editors
  Re-reading Rimanelli in America: Six Decades in the United States. ISBN 978-1-59954-102-0. Volume 19.
Pasquale Verdicchio
  Bound by Distance. Rethinking Nationalism Through the Italian Diaspora. ISBN 978-1-59954-103-7. Volume 20.
Peter Carravetta
  After Identity. Migration, Critique, Italian American Culture. ISBN 978-1-59954-072-6. Volume 21.
Antonio Vitti and Anthony Julian Tamburri, Editors
  The Mediterranean As Seen by Insiders and Outsiders. ISBN 978-1-59954-107-5. Volume 22.

www.ingramcontent.com/pod-product-compliance
Lightning Source LLC
LaVergne TN
LVHW041257080426
835510LV00009B/765